KB145519

GRAND PEACE TOUR

1

그랜드피스투어1
GRAND PEACE TOUR
유럽에서 전쟁과 평화를 묻다

초판 1쇄 인쇄 2019년 8월 5일
초판 1쇄 발행 2019년 8월 15일

지은이   정다훈
펴낸이   이영선

편집   강영선 김선정 김문정 김종훈 이민재 김연수 이현정
디자인   김회량 정경아
독자본부   김일신 김진규 정혜영 박정래 손미경 김동욱

펴낸곳 서해문집 | 출판등록 1989년 3월 16일(제406-2005-000047호)
주소 경기도 파주시 광인사길 217(파주출판도시)
전화 (031)955-7470 | 팩스 (031)955-7469
홈페이지 www.booksea.co.kr | 이메일 shmj21@hanmail.net

이 도서의 국립중앙도서관 출판예정도서목록(CIP)은 서지정보유통지원시스템 홈페이지(http://
seoji.nl.go.kr)와 국가자료공동목록시스템(http://www.nl.go.kr/kolisnet)에서 이용하실 수
있습니다.(CIP제어번호: CIP2019028730)

GRAND
PEACE
TOUR

그랜드
피스
투어

유럽에서 전쟁과
평화를 묻다

1

정다훈 지음

서해문집

경계를 넘는 여행

여행은 '경계 넘기'다. 경계를 넘는 순간, 새로운 나를 마주한다. 기존의 고정된 사고 틀에서 벗어나면 그곳에는 과거와는 전혀 다른 새로운 내가 서 있다. 그래서 여행은 언제나 고정된 관점의 틀을 깨고 인식의 전환을 만들 수 있는 중요한 계기가 된다. 나는 더욱더 많은 사람들이 자신이 갇혀 있는 틀을 깨고 세상 밖으로 나가기를, 그리하여 '아니다'라고 생각했던 무언가에 '왜'라고 물을 수 있기를, 늘 옳다고 생각했던 무언가에 '아니다'라고 외칠 수 있기를 바란다. 바로 그 순간이 닫혀 있던 마음이 기적처럼 열리는, 관용과 포용의 세상을 마주하는 순간이기 때문이다. 평화공존이란 이렇게 열린 마음이 가득한 시민들이 만드는 세상이다.

그러하기에 나의 여행은 전쟁 패배로 인해 세계사 무대에서 조명되지 못했거나, 그 때문에 폄하된 위대한 정신문명과 시민정신을 가진 나라로 향한다. '악의 축' '가난하고 미개한 나라'라는 고정된 관점으로 매몰된 국가들로 향한다. 사라져버린 역사 속에서 위대한 인류 보편 정신을 찾으려는 '의지', 현대 국제정치 구조 속에서 사실과 다르게 고착화된 이미지를 깨려는 '노력' 속에 '평화의 씨앗'이 있기 때문이다. 나는 이 여행을 '그랜드피스투어Grand Peace Tour'라 명명한다. 자신을 가두어놓은 관점을 깨려는 '의지'를 가진 사람들이 많은 나라에는 희망이 있다. 열린 마음과 관용성은 위대한 국력을 만드는 역량이기 때문이다. 배낭을 메고, 미지의 나라 또는 미디어가 '최악' '미개' '가난' '전쟁' '악의 축'이라는 틀로 가두어버린 나라로 가면, 그곳에서 언제나 선량한 사람들을 만났다. '발전' '선진' '첨단'의 문명국을 걸을 때는 '행복' '자유' '공존'의 가치에 대해 다시 묻기도 했다. 중요한 것은 단 하나의 답, 단 하나의 고정된 관점만이 존재하지 않는다는 사실을 인식하려는 노력이다.

동아시아에서 유라시아로
세계사의 판을 다시 짜는 시각의 전환

나는 대학에 있으면서, 방학이면 배낭여행을 떠난다는 학생들을 많이 만났다. 대부분의 학생들이 생각하는 1순위 여행지는 유럽이다. 서구 문명으로 대표되는 유럽 '선진 문명'의 힘은 곧 현대를 만들었다. 그러나 그 유럽 문명에도 빛과 그림자가 있다. 유럽이 독자적으로 이룩한 단일 문명이라는 것은 있을 수 없다. 근대 이후 세계사의 흐름이 서구로 넘어가면서 우리는 알게 모르게 서구 중심주의적 시각에서 세계를 바라보고 산다. 또 우리 역사와 지정학적 위치에서 중국이 가지는 위상과 힘 때문에 우리는 중국적 사관에서 동과 서를 구별하는 문명으로 유럽 문명을 인식한다. 그러나 동양과 서양은 어떤 교류도 없이 서로 독자적으로 자생한 문명이 아니다. 지구상의 모든 문명은 상호 영향을 주고받으며 인류의 역사를 움직여왔다. 이렇게 문명교류사의 관점에서 유럽 문명을 보면, '동과 서'라는 구별보다 그들의 역사 속에서 '우리'를, '우리' 속에서 그들을 바라보게 된다.

냉전적 시각이 지배적일 수밖에 없는 분단 역사의 한계 때문일까? 우리는 탈냉전과 신냉전의 갈등구조로 세계를 가두고 미-일과 중-러의 구도에만 묶여 있는 '동아시아'를 본다. 유라시아라는 거대한 틀 안에서의 유라시아 재통합을 추구하는 문명적 질서의 제3의 세력을 상상하지 못한다. 기존의 틀 안에 인식이 머무르고 새로운 전략이나 변화에는 점점 둔감해지는 것이다. 남북한 분단이라는 안보위기 상황에서 우리에게는 두 가지 이념 중 어느 편인지를 따지는 것만이 중요했다. 단 하나의 선택만을 강요받는 틀 안에서 제3의 시각은 대안으로 거론될 여지조차 없었다.

길을 만들고 망을 연결하는 문명사적 질서의 변환은 냉전이 만든 두 개의 틀을 다른 각도로 바라보게 하는 새로운 렌즈다. 단 하나만이 답이 되는 세상을 다르게 보는 새로운 눈이다. '동아시아'라는 시각에서 '유라시아'라는 시각으로의 전환은 변방의 위치로부터 탈출하여 세계사의 판을 다시 자각하기 위한 개념이다. 미국 중심의 패권질서라는 단일 선택지에서 더 넓은 선택지를 확보하고 준비하기 위한 대안이다. 나는 '유라시아적 시각'이라는 새로운 렌즈를 통해, 독일·폴란드·러시아 3국의 역학관계 안에서 한반도를 상상하고자 했다. 나는 내가 살고 있는 한국이라는 분단의 경계를 넘어 미래를 보고 싶었다. 갈등과 전쟁 속에서 더 나은 세상을 위해 고민했던 사람들을 만나고 싶었다. 그 과정을 극복한 지도자들과 대화하면서 미래 한국의 길을 찾고 싶었다.

한반도의 미래를 찾는 여정

1·2차 세계대전이라는 비극과 분단을 겪으면서도 새로운 유럽의 리더로 성장한 독일이 시작이었다. 독일 베를린에서는 비스마르크,

프리드리히 빌헬름 대선제후, 프리드리히 대왕, 그리고 빌리 브란트를 찾아갔다. 굴곡의 역사 앞에서 먼저 통일을 쟁취한 독일의 힘이 궁금했다. 1·2차 세계대전이라는 참혹한 전쟁을 겪은 지 채 30년도 안 되어 유럽의 리더로 성장한 독일! 통합과 통일의 독일을 꿈꾸던 역사의 주역들에게 물었다. 철혈정책만이 통일의 답인가? 종교적 관용은 어떻게 국가를 부강하게 하는가? 역사에 대한 기억과 책임은 왜 필요한가? 독일의 통일은 세계사적으로 어떤 의미를 가지는가?

우리와 비슷한 역사적 경험을 가진 중소국 폴란드와 발트 3국에서는 국경을 초월해서 사랑받는 문학가 미츠키에비치를 통해 국적과 국가의 의미를 물었다. 전쟁 승리 없이도 '대왕'의 칭호를 받은 카지미에시 왕을 만나 '위대한 업적'의 의미를 물었다. 바르샤바 게토 영웅기념비 앞에서 다시 만난 빌리 브란트에게는 왜 역사에 대한 '기억'과 '책임'이 필요한지 물었다. 독일과 러시아라는 강대국의 역사 안에 비극의 현대사로만 존재하는 폴란드가 아니라 동유럽 역사를 포괄적으로 이해하기 위한 폴란드를 만나고자 했다. 그것이 세계사를 균형적으로 볼 수 있는 시작이자 한반도의 미래를 생각해볼 수 있는 열쇠라고 생각했기 때문이다.

그리고 우리에게 여전히 낯선 땅, 러시아로 향했다. 냉전 시기, 우리에게 '적'이었던 곳, 공포와 두려움의 그 땅이 궁금했다. 나는 그곳에서 시대를 변화시켜온 역사의 주역들을 만났다. 러시아 상트페테르부르크에서 넵스키와 표트르 대제에게 물었다. 당신에게 러시아 민족은 무엇인가? 어떻게 그 민족을 지켜왔는가? 어떻게 강대국을 만들었는가? 모스크바에서는 레닌을 만났다. 인류 지성사의 위대한 실험이었다는 러시아 혁명은 궁극적으로 누구를 위한, 무엇을 위한 평화였는가? 러시아 혁명을 겪은 20세기의 전쟁과 평화의 개념은 21세기에 어떤 교훈과 의미를 전해줄 수 있는가?

그들 역시 낯선 이방인인 나에게 끊임없이 질문했다. 왜 당신은 '아직도' 분단국에 살고 있는가? 탈분단을 꿈꾸는 당신은 누구이며, 한국인은 누구인가? 왜 한반도에서는 갈등이 계속되는가? 당신이 생각하는 평화를 만드는 힘, 세상을 움직이는 힘은 무엇인가?

이 책은 독일, 폴란드, 러시아 등 동유럽 3국의 역사 속에서 전쟁과 평화의 의미를 지속적으로 묻고 있다. 그리고 그들의 역사적 경험 속에서 한반도 탈분단의 해법을 찾기 위해 고민한 흔적을 담았다. 본문은 1) 각 나라의 역사를 개괄적으로 서술하고 2) 해당 나라의 대표적 위인의 생애에서 위대한 리더의 조건을 찾아본 후 3) 각 나라의 역사적 경험을 동아시아에 적용하여 시사점을 도출하는 형태로 구성했다. 독일의 역사에서는 평화통일을 이룬 과정을, 폴란드에서는 약소국의 분열과 독립투쟁의 역사를, 러시아에서는 혁명의 역사 속에서 전쟁과 평화를 찾는다. 현장을 여행하고 직접 역사 속 인물을 만나면서 '탈분단'의 한반도와 '평화로운 아시아'의 미래를 그려본다. 따라서 이 책은 독자들에게 가이드북의 형태의 일반 여행책보다는 '인문 여행서'에 더 가깝게 느껴질 것이다.

이 과정에서 김용덕의 《이야기 폴란드사》(HUIBOOKS, 2016), 닐 맥그리거의 《독일사 산책》(옥당, 2016), 송동훈의 《그랜드투어: 동유럽편》(김영사, 2016), 이병한의 《유라시아 견문1》(서해문집, 2016) 등을 참고했다. 이 책의 저자들은 나보다 먼저 이 지역을 여행하며 고민한 흔적을 남긴 훌륭한 스승이자 길잡이였다. 초고의 집필과 편집 과정에서 많은 조언을 전해준 아버지와 서해문집 편집부, 좋은 자료와 코멘트를 남겨준 동조와 사랑하는 나의 가족, 그리고 그랜드피스투어 지원의 의미를 이해하고 긴 시간 나와 함께 이 길을 묵묵히 걸어가주고 있는 YP_Seoul 클럽의 이사진과 운영진 모두에게 깊은 감사를 전한다.

_2019년 6월 정다훈

독일
자만과 절망, 그리고 희망의 변주곡

폴란드와 발트 3국
약소국의 비애와 평화의 노래

러시아
피와 눈과 변혁의 나라

가볼 곳

브란덴부르크문
전승기념탑
상수시 궁전

만날 사람

빌리 브란트
비스마르크
프리드리히 빌헬름 대선제후
프리드리히 대왕

> 66 브란덴부르크문이
> 더 이상 경계에 서
> 있지 않는 그날이 올
> 것입니다 99
> _ 빌리 브란트

독일

자판과 절망, 그리고
희망의 변주곡

01

브란덴부르크문에서 독일의 영광과 오욕의 역사를 보다

독일 역사를
기억하는 통로

계절이 순환하듯 인생도 변한다. 마찬가지로 한 나라의 역사도 흥 망성쇠한다. 나는 역사의 굴곡에서 오만과 좌절, 그리고 희망의 변주곡을 쓴 독일을 이해하기 위해 먼저 '브란덴부르크문' 앞에 섰다. 브란덴부르크문이 간직한 독일 역사 이야기가 비 내리는 오후 베를린의 운터 덴 린덴Unter den Linden 거리를 가득 채운다. 이 문 앞에서 나는 묻는다. 도대체 브란덴부르크문은 독일의 어떤 영욕의 역사를 지켜봤을까?

현대사에서 동서독의 분열과 통일만을 기억하는 사람들에게 브란덴부르크문은 분단된 세상의 상징이자 되찾은 자유의 상징일 것이다. 하지만 브란덴부르크문이 기억하는 독일의 역사는 그보다 훨씬 길다. 그 긴 독일 역사의 파노라마가 이 문을 통해 펼쳐진다. 이제 브란덴부르크문이 기억하는 역사 속으로 들어가보자.

나폴레옹 전쟁과
프로이센의 승리

1806년 10월 27일, 나폴레옹이 무적의 대군을 이끌고 브란덴부르크문을 점령한다. 나폴레옹은 프로이센을 떠나면서 브란덴부르크문 꼭대기의 사두마차(쿼드리거Quadriga)와 여신상을 파리로 약탈해 갔다. 프로이센의 명예와 힘을 상징하는 쿼드리거가 사라진 브란덴부르크문! 쿼드리거를 빼앗긴 프로이센은 국토와 인구의 절반을 잃는다. 그러나 역사는 역전된다. 이번에는 프로이센의 승리다.

1814년 8월 7일, 환호와 박수 속에 프리드리히 빌헬름 3세가 이끄는 개선 행렬이 브란덴부르크문을 통해 들어오고 있다. 나폴레옹 전쟁에서 쿼드리거를 빼앗긴 지 8년 만이다. 빌헬름 3세의 손에는 당당하게 쿼드리거와 여신상이 들려 있다. 이제 브란덴부르크문은 프로이센이 나폴레옹을 상대로 거둔 승리의 상징이 된 것이다. 브란덴부르크문 앞 광장도 프로이센군의 파리 점령을 기념해 '파리광장'으로 이름을 바꾼다. 역사의 변화 앞에 같은 그림, 같은 공간이 다른 이름, 다른 의미가 된다. 프로이센의 영광은 계속해서 이어지는 것처럼 보였다.

1864년, 덴마크군을 물리친 프로이센군이 또 한 번 브란덴부르

┃ 독일 역사의 상징 브란덴부르크문

크문을 통해 들어왔다. 1866년에는 오스트리아 제국의 군대와 싸
워 이긴 프로이센군의 개선 행렬이 이어졌다. 그리고 1871년, 오랜
분열을 겪은 독일은 독일의 통일을 저지하려는 프랑스와의 전쟁(보
불전쟁, 1870~1871)에서 승리하고 마침내 통일을 이룬다. 전쟁에서 승
리한 독일은 마치 나폴레옹에게 당한 치욕에 보복하듯 베르사유 궁

│ 브란덴부르크문 위의 쿼드리거 상

전의 거울방에서 프랑스의 항복을 받고 빌헬름 1세의 황제 즉위식
을 거행한다. 1871년 6월 16일, 브란덴부르크문 앞으로 프랑스군
을 물리친 통일된 독일 제국의 황제 빌헬름 1세와 비스마르크 수상,
론 국방장관 등의 통일 공신들이 영광스럽게 개선하고 있다. 영광
의 역사, 그 정점에 선 브란덴부르크문은 이제 독일 제국의 상징이
되었다.

1 · 2차 세계대전과
브란덴부르크문

통일 제국이라는 거대한 힘을 가진 이에게 패배는 다른 나라의 이야기일 뿐이다. 욕망은 끝이 없다. 그 순간 더 큰 제국, 더 큰 영토를 가지고 싶은 자와 이미 가진 자의 충돌은 불가피해진다. 역사는 그렇게 끝없는 영광도, 한없는 치욕도 없는 영광과 치욕의 이중주가 아니던가! 통일을 달성한 독일 제국은 여세를 몰아 세계질서를 재편하고자 했다. 독일의 도전은 이미 세계를 제패하고 있던 영국과 프랑스를 자극했다.

20세기 초, 도전하려는 자와 지키려는 자 사이의 갈등이 최고조에 이르자 전쟁은 불가피해진다. 그러나 이때 독일은 욕망만 있을 뿐, 그것을 실현할 수 있는 정책도 없었고 능력을 갖춘 사람도 없었다. 30년이란 시간은 한 세대의 전환이자 완전히 다른 세상이 만들어지는 시간이다. 1900년대 독일은 1871년의 비스마르크 같은 리더를 다시 만날 수 없었다. 또다시 브란덴부르크문 뒤로 영광이 넘어가고 있었다.

1914년, 결국 제1차 세계대전이 발발했다. 당시 황제였던 빌헬름 2세는 불과 수개월이면 전쟁이 끝날 거리 생각했지만 전쟁은 4년 넘게 이어졌다. 독일은 패했고 황제는 제위를 잃었다. 이제 다시 브란덴부르크문은 1806년 나폴레옹에게 빼앗겼던 그 순간을 재현하고 있었다. 상실은 컸다. 브란덴부르크문은 또다시 패전, 치욕, 상실,

슬픔을 안아야만 했다.

그러나 전쟁의 역사에서 영광과 오욕은 반복되는 순환고리이다. 슬픔과 상실을 안은 브란덴부르크문에서 또다시 축하 퍼레이드가 벌어진다. 1933년 1월 30일 밤, 나치당원들은 브란덴부르크문 아래에서 히틀러의 총리 임명을 축하하는 퍼레이드를 벌였다. 1939년에는 히틀러의 50회 생일을 축하하는 대규모 퍼레이드가, 1940년에는 프랑스에 대한 승리를 축하하는 의식이 브란덴부르크문에서 열렸다.

전쟁의 상처와 고통의 망각은 생각보다 짧았다. 제1차 세계대전이 끝난 지 15년도 채 지나지 않아 이미 전쟁의 패배는 독일인 사이에서 잊힌 듯했다. 전쟁의 상처를 그토록 처절하게 경험했다면 두 번 다시 전쟁을 거론하지 말아야 할 것 같지만, 인간은 같은 실수를 되풀이한다. 이제 독일은 세계를 정복하겠다고 공헌했다. 히틀러와 나치는 제1차 세계대전과 미국의 대공황이 독일인에게 가져온 정신적·물질적 공황 상태를 파고들었다. 사람들을 하나로 단합시키기 위해 공통의 적으로 유대인을 상정하고 사회진화론에 근거하여 우월한 민족성을 강조했다. 열등민족인 유대인을 말살하겠다는 광기가 독일 전체를 가득 채웠다. 그 광기는 결국, 제2차 세계대전의 비극을 만든다.

제2차 세계대전 초기, 독일 앞에는 거리낄 것이 없어 보였다. 그 정점에 프랑스로부터 받아낸 항복이 있었다. 그것은 1918년 11월 독일이 파리에서 제1차 세계대전 항복 서명을 한 지 불과 22년 후

| 1933년 브란덴부르크문 앞에서 열린 히틀러 총리 취임 기념 퍼레이드

였다. 히틀러는 제1차 세계대전의 항복 서명식을 거행했던 파리에서 북동쪽으로 $80km$ 거리에 있는 도시 콩피에뉴 숲을 항복 장소로 지정했다. 그리고 독일이 패전국으로서 항복 서명을 했던 열차를 끌어와 그 열차의 식당칸에서 프랑스 정부로 하여금 항복문서에 서명할 것을 명령했다. 히틀러는 22년 만에 제1차 세계대전 패전이라는 국가적 수치를 프랑스에게 되갚으면서 독일 장군들에게 이렇게 말했다.

"나는 나폴레옹과 같은 실수를 범하지 않을 것이다."

나폴레옹의 마지막 같은 패배의 길은 없다는 의미로 한 말이겠지만, 그는 전쟁의 역사는 어떤 방식으로도 영원한 승리가 없다는 진리는 미처 몰랐다. 그리고 그의 욕망과는 달리, 그 역시 나폴레옹과 같은 절망의 길을 걸어야만 했다. 독일은 방한 장구도 갖추지 않고 300만 대군을 소련 영토에 밀어 넣었다가 강추위와 소련군의 지구전에 말려들었고, 결국 나폴레옹과 같이 비참한 패배를 당했다. 독일이 세계를 상대로 벌인 전쟁에서 영광은 독일 편이 아니었다. 브란덴부르크문은 또 한 번의 절망을 지켜봐야 했다.

동서 분단의 상징

1945년 5월, 폭격으로 심하게 부서진 문 위에 붉은 깃발을 내건 소련군이 들어왔다. 뒤이어 영국·미국·프랑스군이 몰려왔다. 브란덴부르크문은 이제 연합군에게 점령당한 패전국 독일의 상징이 되었다. 패전과 더불어, 브란덴부르크문이 있는 베를린은 서베를린과 동베를린으로 나뉜다. 베를린 전역에는 4개의 검문소가 생겼다. 서베를린을 분할통치한 미국·영국·프랑스 3개국이 각각 동베를린과 통하는 1개의 검문소를, 그리고 미국은 소련군이 주둔한 포츠담과 통하는 1개의 검문소를 운영했다. 이제 동·서 베를린의 경계에 있는 브란덴부르크문은 독일 분단의 상징이자 냉전의 최전선이 되었다. 제2차 세계대전 이후, 동서독이 분할되기는 했으나 자유로운 교류

▎ 1945년 6월의 브란덴부르크문

© Carl Weinrother

마저 막힌 것은 아니었다. 그러나 1961년 8월 13일, 이제 브란덴부르크문은 굳게 닫혀버린다. 동독은 브란덴부르크문을 기점으로 동·서 베를린의 경계를 따라 철조망을 설치했다. 곧이어 '베를린장벽'이 구축되었다. 이제 브란덴부르크문은 동서독을 가르는 경계 앞에 선 또 하나의 장벽이 된 것이다. 공산주의 체제에서 억압받던 동독 시민들에게 브란덴부르크문과 베를린장벽은 거대한 감옥을 뜻했다. 동독 시민들은 문 너머로 존재하는 자유세계를 동경했다. 동독민들의 탈출 시도가 줄을 이었다. 그 과정에서 많은 동독 시민들이 다치거나 목숨을 잃었다. 자유의 상징인 동시에 억압의 상징이 된 브란덴부르크문, 자유와 억압의 경계가 된 브란덴부르크문이 또 다른 역사의 상징이 되기까지 독일은 28년을 더 기다려야 했다.

동백림 사건과 송두율 사건:
분단과 경계의 문 앞에서

동독과 서독의 경계에 선 브란덴부르크문 앞에서 비극의 한국 현대사를 생각한다. 이념의 장벽과 분단의 비극 속에 상처받고 고통의 시간을 보낸 사람들이 브란덴부르크문 앞을 스쳐간다. 서독과 통일 독일에서 활동한 한국 출신 현대음악 작곡가 윤이상(1917~1995)과 한국계 독일인 사회학자 송두율(1944~). 그들은 어떤 마음으로 베를린의 브란덴부르크문을 걸었을까?

한국의 촉망받는 음악가였던 윤이상은 20세기 음악이론 공부의 필요성을 느끼고 1956년 프랑스 파리 국립음악원으로 유학을 떠났다가, 이듬해 서독 베를린 고등음악학교에 입학했다. 서베를린에서 공부하고 있던 윤이상은 1963년 4월, 북한을 방문하여 오랜 친구인 최상학을 만난다. 그 후에도 민족에 대한 예술적 영감을 위해 고구려 무덤벽화 〈사신도〉를 보고자 북한을 방문했다.

남북 분단 이전에 태어나 1950년대 유학을 떠난 이들은 남북대립 의식이 매우 약했으며, 유학생 중에는 북한 대사관을 방문한거나 북한 사람들과 만나는 이들도 있었고, 심지어 북한 방문이 죄가 되는지도 모르는 이들도 있을 정도였다. 그러나 당시 반공을 국시로 내세우고 있던 박정희 정권은 윤이상의 행적을 친북행위로 간주하고 내사에 들어갔다. 1967년 6월 17일, 윤이상과 그의 부인은 중앙정보부에 체포되어 서울로 압송된다. 그 후, 윤이상은 유럽으로 건너간 다른 유학생들과 함께 간첩으로 몰려 사형을 선고받고 서울구치소에 수감된다. 1969년 자살을 시도한 윤이상은 음악작업을 해도 좋다는 허락을 받고 오페라 〈나비의 꿈〉을 썼다. 완성된 작품은 집행유예로 먼저 풀려난 부인을 통해 독일에 전달되어 1969년 2월 23일 뉘른베르크에서 〈나비의 미망인〉이라는 제목으로 초연되었다. 이 곡은 31회의 커튼콜을 받는 등 큰 호평을 받았다고 한다.

윤이상은 1971년 서독에 귀화한 이후, 작품활동을 하면서 북한을 오갔다. 북한에서는 1982년부터 매년 윤이상 음악제가 개최되었으며, 한국에서도 그의 음악이 해금되어 연주를 할 수 있게 되었다. 1988년 일본에서 남북 합동음악회를 열 것을 남·북 정부에 건의했는데, 이것이 이루어져 1990년 10월 서울 전통음악연주단 대표 17명이 평양으로 초청받아 범민족 통일음악회가 열렸다. 이어서 1994년 9월에는 서울·부산·광주 등지에서 윤이상 음악축제가 열렸다. 이때 윤이상이 행사에 참석하려 했지만, 대한민국 정부와 갈등을 겪

▎동백림 사건 첫 공판(1967. 11. 10, 앞줄에 서 있는 사람 중 오른쪽이 윤이상, 왼쪽이 아내 이수자)

었다. 군부독재 이후 1993년 출범한 김영삼 정부는 1994년 윤이상
의 귀국을 추진한다. 그때 한 가지 조건이 붙었는데, "대한민국 국민
께 용서를 구한다"는 성명서 낭독이었다. 일종의 전향서였던 것이
다. 윤이상은 그 자리에서 거절했다. 그것은 그의 삶을 송두리째 부
정하는 것이기 때문이었다.

　그로부터 2년 후 윤이상은 망향의 정을 달래며 독일에서 폐렴으
로 별세한다. 그의 사망 후 김정일은 자신의 명의로 화환을 보냈으
며 북한에서 국가 차원의 음악회를 열었다고 한다. 2006년 1월, 국
가정보원 '과거사건 진실규명을 통한 발전위원회'에서 그가 연루되
었던 동백림 사건이 1967년 총선 부정선거에 대한 거센 비판여론
을 무마시키기 위해 과장되고 확대해석되었다는 조사 결과를 공표

했다. 1년여 뒤인 2007년 9월 14일에는 윤이상의 부인 이수자가 '윤이상 탄생 90주년 기념 축전'에 참석하기 위해 한국에 왔다. 한국을 떠난 지 40년 만의 입국이었다. 하지만 그 후로도 윤이상과 같은 '경계인'에서 오는 비극의 역사는 한국 사회에서 송두율 사건으로 이어진다.

2003년, 독일에서 사회학과 교수로 재직 중이던 송두율 교수가 한국에 귀국한다. 그의 귀국과 함께 검찰은 구속영장을 청구했다. 이에 서울지방법원은 2003년 10월 22일 "범죄 사실이 소명되나 피의자가 혐의를 부인해 증거인멸 우려가 있고, 높은 처단형이 예상돼 도주 우려가 있다"는 이유로 구속영장을 발부했다. 혐의는 송두율이 조선노동당 정치국 후보위원 김철수와 동일인물이라는 것이었다. 1심에서 재판부는 징역 7년형을 선고했다. 심문 과정에서 그가 "김일성 주석은 살아온 과정 등을 볼 때 존경받을 만한 가치가 있으며 나도 존경한다"고 진술한 부분이 큰 문제로 부각되었다.

송두율 교수는 1967년 독일로 유학을 떠나, 1972년 위르겐 하버마스의 지도로 철학박사학위를 취득했고, 그해 뮌스터 대학 사회학과에 조교수로 채용되어 정치경제학, 사회학방법론, 후진국사회학을 강의했다. 1973년 북한을 처음으로 방문했고, 조선노동당에 가입했다. 이후 그는 총 18회에 걸쳐 북한을 방문했다. 독일에서는 북한의 지원금을 받아 한국학술원을 운영했고, 1974년 '민주사회건설협의회'를 조직하여 의장을 맡았으며, 독일 본Bonn에서 벌어진 유신독재 반대시위에 적극적으로 참여했다. 1977년 베를린 자유 대학으로 옮겨 활동했으나 박정희 체제에 대한 강한 반대, 북한의 지원을 받은 학술원 운영 등과 같은 그의 이력으로 인하여 남한에서는 친북인사, 반체제 인사로 낙인찍힐 수밖에 없었다.

1981년, 공산주의에 대해 내재적 방법으로 비판적 분석을 한 논문 〈소련과 중국〉을 발표했고, 1988년과 1989년에는 미국 롱아일랜드 대학 철학과 초빙교수로 재직했다. 1991년에는 북한 사회과학원 초청으로 김일성종합대학에서 강의했으며, 이때 김일성과 대면했다. 1994년에 베를린 훔볼트 대학 교수로 채용되고, 1997년 독일 시민권을 취득했다. 재독학자가 귀국 10일 만에 '대한민국 최대의 거물간첩'으로 몰리는 과정을 기록한 이야기는 2009년 홍형숙 감독에 의해 〈경계도시2〉라는 다큐멘터리 영화로 만들어져 부산국제영화제에서 공개되었다.

윤이상과 송두율이 겪었던 개인사의 비극은 아직 끝나지 않았다. 여전히 현재진행형이다. 아직도 우리는 이념의 장벽 속에서 온전한 생각과 표현의 자유가 없는 세상을 살아간다. 학문의 영역에서 사상과 이념은 그 자체가 가치의 대상이 아니라 객관적 연구의 대상일 뿐이다. 그러나 남한 사람으로 규정된 음악가와 사회학자에게 '북한'이란 나라로의 여행과 교류, 북한 지원 학술지원금 수령은 간첩행위가 된다. 음악가로서 민족적 전통에 대한 영감을 받기 위해 북한을 방문하는 것도, 사회학자로서 북한의 사상을 연구하기 위해 현장을 방문하는 것도 모두 남한 사회에서는 국가보안법 위반이 되고, 당사자는 범죄인이 된다. 학문과 예술의 영역조차 경계가 있고 답이 있는 것이다.

변화된 동북아시아 정세 속에 그래도 많은 기대감이 생겨나는 요즘이지만 그 길은 결코 쉽지 않을 것이다. 어쩌면 한반도와 동북아시아의 상황이 급변함에 따라 우리 사회의 대립은 더 심해질지도 모른다. 마치 해방 후 일본이 물러가면 모든 것이 해결되리라고 생각했지만, 새로운 정부 수립을 둘러싼 좌우대립이 극대화되고 결국 한국전쟁이라는 비극을 마주했던 것처럼 말이다. 그러나 분명한 것은 상대를 이해하려는 노력은 '상호교류' 없이는 결코 결실을 볼 수 없으며, 갈등의 해결은 '벽'이 아니라 '길'에서 나온다는 사실이다. 서로 간의 다른 생각에 접점을 찾아가기까지, 그리고 오해를 풀어내기까지 어쩌면 우리는 더 긴 시간을 기다려야 할지 모른다. 하지만 적어도 한 가지는 분명하다. 서로 다른 생각으로 인한 갈등을 줄이기 위해서는 반드시 '경계'를 닫지 않고 길을 내어 서로 마주해야 한다는 것이다. 자유로운 교류마저 단절된 한반도의 분단 상황은 도대체 언제쯤 봄을 맞이하고 탈분단의 시대로 나아갈 수 있을 것인가.

'경계에 서지 않는 그날'을 맞이한 브란덴부르크문

브란덴부르크문이 동서독의 경계가 된 1959년 베를린에서 당시 서베를린 시장이었던 빌리 브란트는 이렇게 말했다.

"브란덴부르크문이 더 이상 경계에 서 있지 않는 그날이 올 것입니다."

거대한 장벽도 자유와 통일을 향한 열망을 막지는 못한다. 1989년 11월 9일, 베를린 시민들은 브란덴부르크문 앞을 가로지르는 베를린장벽 위에 올라 환호했다. 경계가 무너지는 순간이었다. 베를린장벽이 사라지고, 1989년 12월 22일 - 빌리 브란트가 염원했던 바로 '그날', 브란덴부르크문이 '경계에 서지 않는 그날'이 마침내 온 것이었다. 서독의 헬무트 콜 총리가 동서독의 경계였던 브란덴부르크문을 지나 맞은편에서 기다리는 동독의 한스 모드로프 총리를 향해 걷고 있다. 이제 경계였던 문은 동서독을 이어주는 다리가 되어 두 총리의 역사적인 만남을 축복해주고 있다. 두 사람이 역사적인 악수를 한다. 그리고 바로 그 자리에서 동독의 모드로프 총리는 독일 전역에 생중계된 연설을 통해 이렇게 선언한다.

"전쟁의 불타는 악취는 더 이상 이곳에 없다. 브란덴부르크문은 평화의 문이어야 한다."

200여 년간 영광과 치욕의 역사적 순간을 함께하며 독일을 지켜온 브란덴부르크문! 굳게 닫힌 경계의 상징이었던 브란덴부르크문은 이제 평화와 통일, 화합과 번영의 상징이다. 전쟁의 역사가 반복하는 치욕과 영광이라는 굴레에서 벗어나, 동서독 통일이라는 평화를 기적처럼 만들어낸 독일! 독일의 과거·현재·미래가 바로 이 브란덴부르크문 앞에 있다.

이제 나의 질문은 '독일이 만들어낸 이 엄청난 기적의 역사, 독

ACHTUNG!
SIE VERLASSEN
wieder
WEST BERLIN

1989년 11월 9일 당시 베를린장벽

일 통일을 가능하게 한 원동력은 무엇인가'에 있다. 1·2차 세계대전의 주범이자 전쟁의 패배자인 독일은 도대체 어떻게 이 패배의 역사, 비극의 역사를 극복하고 '통일 독일'이라는 위대한 과업을 이뤄낼 수 있었는가? 베를린장벽은 어떤 과정을 통해 붕괴되었는가? 독일의 역사가 우리에게 주는 시사점은 무엇인가? 아직 냉전이 끝나지 않은 저 멀리 한반도 땅에도 베를린이 만든 기적 같은 평화통일의 역사가 재현될 수 있을까?

브란덴부르크문 앞으로 펼쳐진 베를린 중심 거리는 수많은 독일의 역사가 집약적으로 모여 있다. 평화와 번영을 만든 독일의 힘을 찾기 위해, 그 어딘가에 있을지도 모를 대한민국 '탈분단'의 미래를 만나기 위해 나는 비 내리는 운터 덴 린덴 거리를 걷고 또 걷는다.

02

분열에서 통합으로, 독일이 만든 평화의 길

독일은 어떻게
통일을 이루었는가?

비 내리는 베를린 시내, 브란덴부르크문을 뒤로 하고 운터 덴 린덴 거리를 걷는다. 아침부터 내리는 빗방울이 하루종일 흐린 하늘을 가득 채우고 있다. 아직 끝나지 않은 한반도 냉전, 그 분단의 역사를 살고 있는 나를 향한 베를린의 슬픈 인사일까? 운터 덴 린덴 거리에 녹아 있는 독일의 수많은 역사가 그 거리를 걷는 내 발걸음마다 흔적이 되어 한국을 생각하게 한다. 브란덴부르크문을 지나자마자 보이는 빌리 브란트 포룸(빌리 브란트 박물관)은 평화와 번영의 통일 독일의 역사, 그 시작점을 만나게 한다.

역사의 과오에 대한 정리 없이 나아갈 수 있는 미래는 없다. 독일이 만든 찬란한 통일은 아무런 준비 없이 맞닥뜨린 순간이 아니라 과거에 대한 반성과 기억을 통해 하나하나 벽돌처럼 쌓아 만든 역

▎운터 덴 린덴 거리

사의 결실이다. 쌓여 있는 상태만을 보면 손쉬워 보이지만, 모든 것은 아무것도 없는 그 백지 상태에 붓을 드는 순간, 아무것도 없는 공간에 벽돌을 쌓는 그 시작이 모여 완성된다. 바르샤바 게토영웅기념비 앞에서 빌리 브란트가 보여준 진정성 있는 사과는 통일 독일로 향해 가는 첫 번째 벽돌 쌓기가 아니었을까. 독일이 스스로 냉전이란 매듭을 풀고 탈분단의 시대를 맞이한 지는 이미 30년이 지났지만, 그 위대한 여정의 첫발은 독일 지도자 빌리 브란트 없이 설명하기 어렵다.

독일 통일의 내부조건(1): 서독 빌리 브란트의 동방정책과 정책적 일관성

독일을 통일로 이끈 핵심원인 중 하나는 분단 독일의 당사자인 서독과 동독의 지도자들이 공감대를 형성해나갔다는 것이다. 그 시작은 1970년 빌리 브란트 서독 총리와 빌리 슈토프 동독 총리의 만남이었다.

1970년 3월 19일, 빌리 브란트 서독 총리가 탄 기차가 에어푸르트 중앙역에 도착하자, 기다리고 있던 빌리 슈토프 동독 총리가 일행을 맞이한다. 동서독 정상의 첫 만남이었다. 회담 전날인 1970년 3월 18일, 브란트 서독 총리는 기차를 타면서 이렇게 말했다.

"정치는 인류의 평화에 기여힐 때만 의미가 있습니다."

독일 통일의 역사에서 1970년은 각별한 의미를 지닌다. 이해는 빌리 브란트가 폴란드의 바르샤바 게토영웅기념비에서 무릎 꿇고 사죄한 바로 그해이자, 동서독 정상이 처음으로 회담을 가진 해다.

1970년 3월 19일, 동서독 총리의 정상회담은 이렇다 할 합의 없이 끝났지만, 서독이 통일로 나가는 데 상징적인 의미를 남겼다. 정상회담 2년 후인 1972년 12월, 상호 인정과 평화적 공존, 교류의 원칙을 골자로 한 동서독기본조약을 체결할 수 있었기 때문이다. 동서독기본조약은 정상회담 2회, 장차관회담 70회, 실·국장급 회담 200회 등 2년간 총272회 이어진 회담의 결과였다. 동서독기본조약 체결 이후 동독과 서독은 유엔에 동시 가입했다.

이 기본조약 체결의 가장 중요한 의의는 동서독 교류협력을 전면화한 것이었다. 조약 체결 이후 서독은 경제·사회·문화 분야에서 더욱 과감한 교류협력을 추진했다. 동독은 서독의 적극적인 교류협력 사업 제안을 받아들여 국가 이미지 제고와 경제적 이익 증진에 활용했다. 서독 내무성 통계에 따르면 동서독기본조약이 체결된 1972년 11월부터 1981년 12월까지 동독을 방문한 서독인은 2710만 명으로, 이는 한 달 평균 24만6000명꼴이었다. 1987년에는 무려 550여만 명에 달하는 서독인이 동독을 방문했고, 500만 명의 동독인이 서독을 방문했다. 사회·문화 분야의 교류사업은 더욱 활발해서 1961년부터 동독 주민들은 서독 방송을 시청하기 시작했고, 동서독 간 전화와 편지가 일상화되었다. 1987년에만 3000만 회 이상의 전화 통화가 이루어졌다고 하니, 통일 전에 얼마나 교류가 빈번하게 이루어졌는지 알 수 있다.

동서독 간의 자유로운 교류는 서독의 총리 및 집권 정당의 교체와 상관없이 장기적으로 지속된 정책이다. 이는 남북한의 경우와 아

▌ 1970년 3월 19일 역사적인 만남을 가진 빌리 브란트 서독 총리(앞줄 왼쪽)와 빌리 슈토프 동독 총리(앞줄 오른쪽)

주 대조적이다. 남북한의 경우, 자유로운 교류는 이미 한국전쟁 이후 완전히 단절된 상태이며, 정권에 따라 대북정책의 변화도 크다. 한국전쟁 이후 오늘에 이르기까지 사실상 넓은 관점에서 남북관계는 '적대적 공생관계'를 유지하고 있었다고 봐야겠으나 화해의 시도가 전혀 없던 것은 아니었다.

　1953년 한국전쟁이 끝난 후, 1960년대까지 1인당 GDP는 북한이 남한을 앞섰다. 1960년대 중반까지 남한의 1인당 GDP는 필리핀과 태국보다는 적었다. 이 당시 남한은 경제력과 군사력을 앞세운 북한에 흡수통일 당할 것을 걱정해야 하는 처지였다. 1960년 8

월 14일 북한 김일성은 '과도적 남북연방제' 통일방안을 제안한다. 이 제안에서 김일성은 1)남북 간 군사적 대치 상태 해소와 긴장완화 2)남북한 다방면 합작 교류 실현 3)남북 각계각층 인민들과 각 정당 사회단체 대표들로 구성되는 대민족회의 소집 4)고려연방공화국을 국호로 하는 남북 연방제(고려 연방제) 실시 5)고려 연방공화국이라는 단일국호로 유엔 가입 등을 제안한다.

물론 남한은 이를 받아들이지 않았고, 남북의 적대적 갈등상황은 지속되었다. 1972년 남북은 7·4 공동성명을 발표하고, 1985년 북한 이 (남한이 먼저 가입한 지 10년 만에) 핵확산 금지조약NPT, Nuclear Nonproliferation Treaty에 가입하면서 화해의 분위기가 형성되기도 했다. 1988년 7월 7일에는 7·7선언이 있었다. 1988년 서울올림픽을 앞두고 노태우 정부는 북방외교를 통해 소련, 중국 등 사회주의 국가와의 수교를 시도했다. 노태우 정부의 7·7선언은 〈민족자존과 통일번영을 위한 특별선언〉으로, 1)남북 동포 간 상호교류 적극 추진 2)이산가족 상호 방문 적극 주선 3)남북 간 교역을 위한 문호 개방, 남북 간 교역 민족 내부 교역으로 간주 4)비군사적 물자에 대한 북한과의 교역 찬성 5)남북 소모적 대결 종결 및 국제사회에서의 남북 대표 간 자유로운 교류와 민족 공동이익 협력 6)한반도 평화 정착 위해, 소련·중국 등 사회주의 국가들과 관계개선 추구, 미국·일본 등 남한 우방과 북한의 관계개선 협조 등을 선언한 문건이다.

1991년 12월 13일에는 남북기본합의서가 채택된다. 1991년은 남북한이 각각의 이름으로 유엔에 동시 가입한 해다. 그전까지는 하나의 국가 또는 연방체제로 유엔에 가입하려는 노력이 있었으나, 1991년 남한과 북한은 각각 유엔에 동시 가입하게 된다. 이 합의서는 남북한 상호 체제인정과 상호불가침, 남북한 교류 및 협력 확대를 약속했다. 그다음 해인 1992년에는 '한반도 비핵화 공동선언'이 채택되었다. 북한은 이 시기 미국에 또다시 북미수교를 요청했으나 거절당하고, 1993년 북한은 결국 NPT조약에서 탈퇴하게 된다. 1994년에 미국과 북한이 제네바합의를 하게 되면서 북한은 국제원자력기구IAEA의 감찰을 허용하고 동시에 핵동결을 대가로 경수로 제공 및 매년 50만 톤의 중유 공급을 약속받는다.

그 후 남한과 북한은 비교적 화해 분위기를 이어가지만 2002년 다시금 북한이 우라늄을 개발하고 있다는 정보가 나오면서 급랭하게 된다. 미국이 러시아를 제외한 남·북·미·중·일의 5자회담을 제안했으나 북한은 이를 거절했고, 그해 8월 러시아를 포함한 6자회담이 진행되었다. 2005년 9월 19일에 발표된 9·19성명은 북한이 모든 핵무기를 파기하고 NPT와 IAEA에 복귀한다는 약속이었다. 또한 한반도 평화협정, 단계적 비핵화, 북한에 대한 핵무기 불공격 약속, 북미 간 신뢰 구축을 합의했다. 그러나 이 성명이 나온 바로 다음 날, 방코델타아시아 은행에서 북한의 비밀자금 2500만 달러가 문제가 되어 선언은 완전히 흐지부지한 상태로 전락해버렸다. 그다음 해인 2006년 북한은 1차 핵실험을 했고, 2007년 남북관계 발전을 위한 10·4 선언이 있었으나, 북한은 2009년 2차 핵실험, 2013년 3차 핵실험, 2016년 4차 핵실험, 2016년 5차 핵실험을 단행한다.

몇 번의 화해의 시도가 있었지만, 70여 년간 한반도는 전쟁위협으로부터 자유로웠던 적이 거의 없었다. 북한이 6차 핵실험까지 감행했던 2017년은 전쟁위기가 최고 단계까지 격상되었다. 그렇게 전쟁위기 상황까지 치닫던 한반도는 1년이 채 지나지도 않아 또 다른 변화를 마주했다. 2018년 평창 동계올림픽을 계기로, 남북은 2018년 판문점에서 정상회담을 가졌다. 근래 10여 년 만에 한반도에 전례 없던 '평화 분위기'가 고조되었다. 2018~2019년 세 차례의 남북정상회담을 비롯해 북중정상회담 다섯 차례, 북미정상회담 두 차례 등 북핵 문제의 주요 당사국 간 정상회담이 숨 돌릴 틈 없이 연이어 진행되었다. 현대 국제관계사를 통틀어도 한 가지 목표를 위해 이렇게 단기간에 많은 정상회담이 진행된 사례는 없을 것이다.

2018년 4월 27일은 11년 만에 이루어진 남과 북 정상의 만남이었다. 북한은 핵동결 조치를 선언하고 남한은 대북 확성기 방송을 중단한 것을 시작으로 한반도 비핵화, 평화 정착, 남북관계 발전에 대한 논의가 시작되었다. 2018년 5월 26일, 문재인 대통령과 김정은 북한 국무위원장은 다시 깜짝 이벤트와도 같았던 2차 정상회담을 했다. 두 시간 동안 판문점 북측 지역 통일각에서 이루어진 이 회담은 2018년 6월 12일 예정이던 싱가포르 북미정상회담 개최를 둘러싼 갈등이 지속되는 가운데 성사되어 그 의미를 더했다. 2차 회담에서 남·북 지도자는 6·12 북미정상회담 성공을 위한 긴밀한 협력과 '종전' 및 '완전한 비핵화'를 골자로 한 4·27 판문점 선언의 조속

| 2018년 4월 27일 판문점에서 진행된 남북정상회담

한 이행 의지를 확인했다. 2018년 9월 18~20일에는 평양에서 3차 남북정상회담이 열렸다. 이 회담에는 문재인 대통령을 비롯해 정치·경제·문화 등 각계각층 인사 52명과 일반 수행원, 취재진 등 200여 명 규모의 방북단이 평양을 방문했다. 문재인 대통령은 평양 능라도 5·1경기장에서 다음과 같은 역사적인 연설을 한다.

오늘 이 자리에서 지난 70년 적대를 완전히 청산하고, 다시 하나가 되기 위한 평화의 큰 걸음을 내딛자고 제안합니다.

3차 회담 후 공개된 〈9월 평양공동선언〉을 통해 다음의 6가지 사항에 대한 합의가 이루어졌다. 1)한반도 전쟁 위험 제거 2)민족경제 균형발전 3)이산가족 문제 근본적 해결 4)다양한 분야 교류협력 적극 추진 5)한반도 비핵화, 평화 터전 조성 6)김정은 위원장의 서울 방문이다. 그리고 2018년 12월 26일, 9월 평양회담에서 합의한 대로 12월 26일 개성시 판문역에서 남북 철도·도로 사업의 착공이 시작되었다. 불과 3년 전인 2016년까지만 해도 트럼프와 김정은은 서로 만나서는 안 된다고 모두가 생각했다. 두 사람이 만나면 그날이 곧 전쟁일 것이라고 예상했던 것이다. 그해 한국에서 열릴 예정이던 국제학술회의에 세계의 수많은 학자들이 전쟁위험을 이유로 참석을 거부하여, 매년 열리는 학술회의가 취소될 정도였다. 2년 후, 상황은 반전된다.

2018년 6월 12일, 절대 불가능해 보였던 트럼프와 김정은의 만남이 성사되었다. 이 회담은 휴전 이후 사상 최초로 지구상 최대의 적대관계인 미국과 북한의 정상이 직접 얼굴을 마주했다는 상징성이 있었다. 새로운 북미관계 수립, 한반도 비핵화 및 평화체제 구축, 미군 유해 발굴과 송환 등의 합의사항을 담은 공동성명이 발표되었지만, 구체적인 비핵화 로드맵은 없었고, 종전선언과 북미평화협정도 이루어지지 않았다. 북미정상회담이 있은 지 일주일 후, 8월 실시 예정이던 한미 을지프리덤가디언UFG 연습의 유예 결정이 발표되었다. 그리고 동시에 김정은 북한 국무위원장은 중국 베이징에서 시진핑 주석과 3차 정상회담을 가졌다. 그다음 달인 7월에는 마이크 폼페이오 미국 국무장관이 평양을 방문하여 김영철 북한 노동당 부위원장과 회담을 했지만 성과는 없었다. 이 회담에 대해 북한 외무성은 폼페이오 장관 방북 때 "일방적으로 강도적인 비핵화를 요구"

했다며 비난했다. 그러면서도 같은 달, 북한은 미군 유해 55구를 미국으로 송환했고, 김정은 위원장은 트럼프 대통령에게 친서를 전달했다. 같은 해 8월, 트럼프 대통령은 트위터로 김정은 위원장의 친서를 받은 사실을 공개했지만 동시에 폼페이오 국무장관의 방북 연기를 발표한다. 9월에 백악관은 김정은 위원장이 트럼프 대통령에게 친서를 보내 2차 북미정상회담 개최를 요청했다고 밝혔다. 그러나 11월 미국 국무부는 또다시 북미고위급회담 연기를 발표한다.

2019년 1월 1일, 김정은 위원장은 신년사를 통해 "앞으로 언제든 또다시 미국 대통령과 마주 앉을 준비가 돼 있으며 반드시 국제사회가 환영하는 결과를 만들기 위해 노력할 것"이라고 밝혔다. 트럼프 대통령도 트위터에 "북한이 위대한 경제적 잠재력이 있다는 사실을 잘 깨닫고 있는 김정은 위원장과 만나길 고대한다"고 말했다. 김정은 위원장의 신년사가 있은 지 일주일 후, 김정은 위원장과 시진핑 주석은 베이징에서 4차 북중정상회담을 진행한다. 희망의 불씨는 2019년 2월 다시 살아나는 듯했다. 트럼프 대통령은 신년 국정연설에서 2월 27~28일 베트남에서 김정은 위원장과 2차 북미정상회담을 열기로 했다고 밝혔다. 그러나 모두가 고대한 북미정상회담은 아무런 결실 없이 결렬되었다. 2019년 3월 한·미는 키리졸브 훈련을 대체하는 '동맹 19-1'을 함께 연습했다. 미국은 존 볼턴 백악관 국가안보회의 보좌관의 말을 통해 "북한이 비핵화를 하지 않으려 한다면 우리는 제재를 강화하는 방안을 들여다볼 것"이라고 날을 세웠다. 남북은 또다시 교착상태가 되었다.

2019년 4월, 김정은 위원장은 국방과학원 신형 전술유도무기 사격시험을 참관하고, 4월 러시아 블라디보스토크에서 북러정상회담을 가졌다. 2019년 5월에는 원산 호도반도에서 북동쪽으로 단거리 미사일을 발사했다. 그러자 한국 정부는 5월 27~30일 을지프리덤 가디언을 대체한 을지태극연습을 실시한다. 2019년 6월, 또다시 분위기는 반전된다. 한국 정부는 6월 5일, 국제기구를 통한 800만 달러 대북 지원을 의결했고, 트럼프 대통령은 또 한 번 "김정은 위원장으로부터 아름다운 친서를 받았다"고 밝혔다. 스티븐 비건 대북정책특별대표은 6월 워싱턴에서 열린 한 행사에서 북·미 모두에게 '유연한 접근'이 필요함을 강조하며 한층 누그러진 태도를 보였다.

6월 20일, 시진핑 국가주석이 평양을 방문했고, 북·중은 또 한 번 정상회담을 갖는다. 북중정상회담이 끝난 바로 다음 날, 트럼프 대통령은 2008년 발동된 행정명령 13466호 등 모두 6건의 대북제재 행정명령의 효력을 1년 연장한다고 밝혔다. 그리고 6월 29일, 트럼프 대통령은 트위터로 "DMZ에서 김정은 위원장과 만나고 싶다"고 전했고, 하루 뒤인 6월 30일, 한·미 정상은 청와대에서 여덟 번째 회담을 진행했으며, 같은 날 남·북·미 정상이 판문점 남측 '자유의 집'에서 역사적인 만남을 가진다. 그러나 낙관이 곧 절망이 되고, 절망이 곧 낙관으로 변하는 한 치 앞을 모르는 남북의 분단 현실은 여전히 현재진행형이다.

상황이 급변하여 이제 냉전의 문을 닫고 새로운 세기를 마주할 것이라는 희망적인 시각이 적지 않지만, 여전히 그 길은 쉽지 않아

▌2019년 6월 30일 판문점에서 만난 남·북·미 정상

보인다. 5년 단임제의 한국 대통령은 정권이 바뀔 때마다 전임 정권의 정책을 전면 부정할 수 있다. 다른 어떤 정책보다 정책의 일관성을 가져야 할 대외정책은 보수정당과 진보정당을 가르는 정쟁의 핵심변수다. 정당의 변화와 무관한 일관된 정책을 펴지 못하는 것이다.

빌리 브란트의 동방정책은 동서독인들이 통일을 염원하게 만들었다. 반면, 서독의 동방정책과 비슷한 시기인 1972년의 7·4 남북공동성명은 정권 유지 차원에서 필요했던 것이고, 결과적으로 박정희 대통령 사후에 연속성을 발휘하지 못했다. 물론 그 주요원인 중 하나는 독일과 한반도의 상황 차이다. 독일은 동족 간 무력분쟁이 없었지만, 남북한은 6·25 전쟁을 통해 총칼을 들이댄 적대적 관계였다. 북한의 경우 개방된 동독 사회처럼 북한 인민들의 변화를 위한 시도를 기대하기 힘들다. 남북한의 경우에는 신뢰 구축을 위해 독일보다 더 오랜 시간이 걸릴 것이다. 하나의 통일된 대북정책 기조를 집권 정당의 변동과 무관하게 꾸준히 추진하면서 국제사회에 알리고, 대북관계 개선을 위해 더 많은 시간과 노력을 들여야 하는 이유다.

독일 통일의 내부조건(2): 동독 민중 내부의 항거와 자유에 대한 열망

베를린장벽이 붕괴된 또 다른 이유는 동독 민중의 내부 항거와 자유에 대한 열망이다. 그 시작은 라이프치히의 니콜라이 교회에서 열린 월요 평화기도회였다. 이 월요 평화기도회는 베를린장벽의 붕괴를 불러온 촉발제로 여겨진다. 니콜라이 교회의 크리스티안 퓨어러 담임목사는 1982년부터 매주 월요일마다 평화기도회를 주도해왔다. 이 월요 평화기도회에는 동독의 개신교인들뿐만 아니라 공산체제에 불만을 가진 사람과 표현의 자유를 억압당한 사람들이 참석하기 시작했다.

1989년 10월 7일 동독 건국 40주년 기념일, 에리히 호네커 독일 통일사회당(동독 공산당) 서기장은 동독 사회주의 체제가 건재하다는 것을 보여주기 위해 거창한 기념행사를 열었다. 곳곳에 동독 건국 40주년을 기념하는 현수막과 구호가 나붙었고, 동베를린 시내에서는 화려한 열병식이 개최됐다.

중무장한 동독군이 당당히 시내를 행진했고, 전차들은 지축을 울리며 거리를 누볐다. 동독이 자랑하는 최신 무기가 잇달아 등장했고, 호네커는 입가에 미소를 지으며 독재정권의 영속을 꿈꿨다. 에곤 크렌츠, 빌리 슈토프 등 동독 정부와 공산당 지도부는 물론, 고르바초프 소련 공산당 서기장도 열병식을 참관했다. 호네커는 열병식에서 "베를린장벽은 100년은 갈 것"이라고 호언장담했다. 그러나 호네커의 열병식은 역사의 조롱거리가 되고 말았다. "베를린장벽은 100년은 갈 것"이라고 호언장담한 지 열하루 뒤인 10월 18일, 호네커는 실각하고 말았다. 22일 뒤인 11월 9일에는 베를린장벽이 무너졌다.

평화기도회를 이미 정치집회라고 판단한 호네커 서기장은 동독 건국 40주년 행사를 잡음 없이 치르기 위해 니콜라이 교회를 봉쇄하고 참가자를 체포했다. 열망은 억압과 금지 속에서 더 폭발적 힘을 낸다. 참가자가 체포된 그다음 주 월요 평화기도회 참가자 수는 7만 명으로 늘어났고, 동독 비밀경찰은 언론사의 취재를 막았다. 시위 군중 가운데 누군가가 진압 경찰을 향해 돌을 던졌다면 유혈 진압으로 이어졌을지도 모른다. 하지만 양손에 촛불을 든 시위 참가자들은 끝까지 비폭력 시위를 벌였다. 그리고 바로 이 비폭력 민주화 촛불시위가 서독 텔레비전을 통해 방송되었다. 동독 정부가 서독의 취재까지는 막지 못한 것이었다. 서독 시청자뿐만 아니라 동독인들도 방송을 보게 되었다. 이것은 동독 전체에 민주화운동을 고무시키는 결과를 낳았다. 당시 동독의 상황을 통해 현재의 북한을 비교해

| 1989년 10월 23일, 월요 평화기도회를 마치고 행진하는 동독 시민들

보면 극단적으로 다른 점을 찾아볼 수 있다. 동독 호네커 정권은 비록 정치적 집회의 자유는 억압했지만, 종교의 자유와 언론 청취 및 시청의 자유는 막지 않았다는 점이다. 그러니까 당시 동독은 북한과는 비교도 안 되게 개방된 사회였고, 현재의 중국보다도 열린 사회였다.

이렇게 동독 사회에서 일어난, 자유에 대한 민중의 열망은 1989년 프라하에서 일어난 서독 대사관 사태에서 정점에 달한다. 당시 동독을 탈출한 4000명의 동독인들은 서독 대사관에 망명을 신청한 상태였다. 그때 한스-디트리히 겐셔 서독 외무장관이 그들을 직접 만나 서독으로 가도록 동독과 합의한 사실을 알려주었다. 이 합의는 소련 세바르드나제 외상, 동독 피셔 외무상이 동의한 것으로, 관계국 실무 장관들 간의 신뢰가 바탕이 된 협상이었다. 이 결과 1989년 10월 1일과 8일 사이 14회에 걸쳐 1만2000명의 동독인이 기차를 타고 서독으로 넘어왔다. '자유열차Freedom Train'라는 이름이 붙은 이 기차는 민주화 혁명의 상징이었다. 자유열차가 넘어온 지 4주 후에 베를린장벽이 무너진다. 이어서 동독 공산당 정권도 몰락한다.

독일 통일의 외부조건:
냉전의 종식과 러시아의 개혁·개방

베를린장벽이 붕괴된 외부조건은 냉전의 종식과 러시아의 개혁·개방에 있다. 1946년, 영국 처칠 총리는 공산주의 진영의 폐쇄적 대외 정책을 '철의 장막'이라 표현하며 자본주의 진영과의 극단적 대립을 예견했다. 제2차 세계대전 승전국이었던 미국·영국·프랑스·소련 등 4개국은 베를린 봉쇄Berlin Blockade 전까지 눈에 띄는 군사적 대립을 하지는 않았다. 1948~1949년 베를린 봉쇄 기간 연합군이 공중으로 물자를 공급할 때 소련 전투기들이 연합군 수송기의 항로를 위협한 사례가 있긴 했지만 확전되지는 않았다. 베를린 봉쇄 사건은 그 후 냉전의 기원으로 여겨지고 있다. 그렇게 미소 간 냉전시대는 세계 각국의 이념적 분단과 분열을 강화시키고 있었다.

1955년, 소련은 미국이 주도한 서방 집단안보체제인 나토NATO, North Atlantic Treaty Organization(북대서양조약기구) 창설에 맞서 공산 진영의 집단안보체제로서 바르샤바조약기구WTO, Warsaw Treaty Organization를 창설해 세계질서를 확고한 양극체제로 갈랐다. 이제 냉전이 본격화되었다. 냉전이 본격화된 후, 베를린을 동서로 나눈 베를린장벽은 1961년에 세워졌다. 베를린장벽은 한 도시를 단지 둘로 나눈 것만이 아니다. 그 자체로 자유 진영과 공산 진영을 분명하게 양분하는 냉전의 상징이었다.

그러던 1985년, 소련 지도자(공산당 서기장) 자리에 오른 미하일 고르바초프는 소련 경제가 파탄에 빠졌음을 인식하고 새로운 방향을 모색해야 했다. 이를 위해서 고르바초프는 '페레스트로이카'라는 새로운 외교정책으로 소련의 개방과 개혁을 주도하며 미국과의 관계 개선을 이끌었다. 1986년 10월 레이캬비크 정상회담을 시작으로, 1987년 12월 워싱턴에서 미국과 소련의 정상은 중거리핵전력조약 INF을 체결하여, 중·단거리 탄도·순항미사일을 감축하고, 생산과 실험, 배치를 전면 금지하기로 했다. 레이캬비크 정상회담 전까지 양국 정상은 6년간 만나지 않은 상태였다. 그 이후 레이건과 고르바초프는 모스크바와 워싱턴을 오가며 네 차례 정상회담을 가졌다. 이것

베를린장벽이 있던 거리

남북 분단의 상징, 판문점 공동경비구역

은 동서 대결에 해빙을 가져온 구체적인 진전이었고, 동독과 서독의 관계개선에도 도움을 주는 외부환경을 제공했다.

독일 통일은 서독과 동독의 내부조건과 냉전의 종식이라는 외부 상황 속에서 복합적으로 이루어진 세계사적 사건이다. 현재 한반도의 남북한이 처한 상황과 동서독이 처했던 상황이 완전히 같을 수는 없다. 그러나 독일의 역사를 짚어보면서 우리는 한반도의 현재를 더 명확하게 진단하고 대안을 고민해볼 수 있다.

독일 통일 과정과
한반도의 현재

세계의 역사는 서로 다른 생각이 충돌하고 교차해온 시간의 흐름이다. 세계 곳곳에서 벌어지는 전쟁은 인간의 욕망이 만드는 자원경쟁인 동시에 여전히 더 우월한 체제·이념·가치·종교를 두고 벌이는 갈등과 대립의 현장이다. 독일의 분단은 어쩌면 독일이 1·2차 세계대전을 일으키는 순간, 이미 예정되어 있었는지 모른다. 영토에 대한 더 큰 욕망 안에 이미 비극의 씨앗이 내재되어 있던 것이다. 분단 한반도의 역사 또한 그 태생적 비극을 예고한 역사의 흐름이 있다.

첫째, 근대성의 충돌이다. 유럽에서 시작된 근대성이 미국을 통해 만개했지만, 그 내부의 저항은 소련을 낳았다. 서구의 근대성에 가장 발빠르게 적응한 비서구 국가가 일본이었다면, 중국은 서구에 대항하는 독자적 근대성을 구축해온 비서구의 대표주자다. 20세기 한반도는 이렇게 서로 다른 4개의 근대성이 서로 맞닿아 갈등하는 가장 치열한 전투 현장이었다.

둘째, 민족주의의 갈등이다. 절대왕정 시기 왕의 신민으로 살아갔던 국민들은 혁명을 통해 스스로를 국가의 주인으로 인식했다. '민족'이라는 개념은 근대의 '국가'를 규정하는 새로운 패러다임이 되었다. 약소국에게 민족주의는 강대국으로부터 독립하여 스스로 국가를 이룰 명분이 된다. 그러나 강대국에게 민족주의는 파시즘이라는 공포의 전체주의를 만드는 괴물로 작용했다. 21세기 한반도는 제국주의로부터 민족을 해방시켜야 한다는 명분이 만들어낸 또 다른 비극이었다.

대한민국의 현대사는 강대국에 의해 결정된 분단과, 동족상잔의 비극적 전쟁에서 시작되어 오늘에 이르고 있다. 미국과 소련의 냉전체제는 이미 종식되었지만, 분단된 한반도는 완전히 고립된 섬이다. 이렇게 우리는 20세기 근대성이 충돌하는 무대에서, 공산주의와 자본주의의 경합장, 21세기 폐쇄적 민족주의의 비극 공연장이 된 한반도를 마주하고 있다. 이제 우리는 독일의 역사에서 무엇을 얻을 것인가? 독일의 역사는 동아시아에 어떤 희망의 미래를 보여주고 있는가?

03

독일 역사에서 찾은 위대한 리더의 조건

계몽군주
프리드리히 대왕

100여 년 전, 독일은 1·2차 세계대전을 일으킨 주범이었다. 이 두 차례 전쟁으로 인한 사상자는 1000만 명이 넘는다. 히틀러 집권 시절에는 600만 명이 넘는 유대인을 대량학살하여 인류 역사의 재앙을 만들었다. 그런데도 독일은 30년 전, 동·서 분단을 극복하고 새로운 통일국가로 태어났으며, 유럽연합EU 탄생에도 중추적인 역할을 했다. 그리스 국가부도 위기와 시리아 난민 사태로 유럽이 혼란에 빠졌을 때 독일은 유럽의 리더 역할을 해냈다. 이제 세계가 독일을 주목하고 있다.

전 유럽을 폐허로 만들었던 전범국 독일은 어떻게 한 세기도 안 되는 기간에 전쟁의 역사를 평화의 역사로 바꿀 수 있었을까? 어떻게 이 나라는 이 끔찍한 고통의 기억을 한 세기 안에 극복하고 유럽의 리더가 되었을까? 독일이 가진 리더십과 발전의 힘은 어디에 있을까? 그 근원을 찾기 위해 나는 독일이 기억하는 위대한 리더와 찬란한 역사를 따라간다. 나는 독일이 자랑스러워하는 프로이센의 프리드리히 대왕, 독일 통일을 이룬 비스마르크, 프란최지셔 돔Französischer Dom을 지은 프리드리히 빌헬름 대선제후大選帝侯(선제후選帝侯[라틴어: Princeps Elector, 독일어: Kurfurst]는 황제를 선정하는 역할을 했던 신성로마제국의 선거인단. 이들은 백작, 공작, 대공과 같이 대단히 높은 직책을 맡고 있었으며, 위계상 신성로마제국 봉건제후들 가운데 왕 또는 황제 다음으로 높았다)를 만난다. 그리고 그들을 통해 현재 독일이 가진 리더십의 원천과 리더의 조건을 알아볼 것이다. 독일이 찬란한 역사로 기억하는 사람들과의 만남을 통해 동아시아가 가야 할 미래를 고민하고, 나아가 동아시아가 만들어갈 리더십을 그려본다. 이제 독일이 영광으로 기억하는 역사를 살펴보자.

상수시 궁전에서 만난 프리드리히 대왕

근심 걱정 없이 산 왕이 있을까? 그런데 재미있게도 상수시Sanssouci 궁전은 '근심 없는 궁전'이란 뜻이다. 그 궁전의 주인공 프리드리히 대왕을 만나러 포츠담으로 향한다. 베를린 중앙역에서 기차로 45분 거리에 있는 포츠담! 그곳에는 프리드리히 대왕의 여름 궁전인 상수

▎ 프리드리히 대왕의 여름 궁전 '상수시 궁전'

시 궁전이 있다. 1747년 베를린 교외 포츠담에 세워진 상수시 궁전은 대입 세계사 수학능력시험 문제에 바로크 양식의 베르사유 궁전 사진과 대비되어 대표적인 로코코 양식 건축물로 등장하기도 한다.

상수시 궁전은 과하지도 소박하지도 않고, 화려하지도 수수하지도 않다. 자금성이나 베르사유 궁전 같은 위압감도 느껴지지 않는다. 궁전 내부는 거대하지 않고 아기자기하다. 정원만큼은 상당히 넓다는 느낌인데 동서의 길이가 2.5km로 비교적 길다고 볼 수 있다. 소박하다고 하기엔 화려하고, 화려하다고 하기엔 또 소박한, 주인인 프리드리히 대왕(프리드리히 2세, 1712~1786)을 닮은 그 궁전 앞에 섰다.

이 궁전을 지은 프리드리히 대왕은 독일 프로이센 왕국의 3대 국

왕으로, 독일 역사에서 '계몽군주' '프리드리히 대왕'으로 불린다. 그는 종교에 대한 관용정책을 펼치고 재판 과정에서 고문을 근절했다. 국가통치와 인재 등용, 군대 및 정복전쟁 지휘 등 자신의 역할을 모두 빈틈없이 해결한 유능한 왕으로 평가받는다. 뛰어난 군사적 재능을 발휘하고 합리적으로 국가를 운영하여 프로이센을 당시 유럽 최강의 군사대국으로 성장시켰다. 또한 오

| 상수시 궁전을 지은 프로이센의 프리드리히 대왕

스트리아와 주변 강국에 맞선 외교전략과 전쟁을 통해 프로이센의 영토를 확장한 특출한 군사전략가였고, 신성로마제국 해체와 독일 통일에 주도적 역할을 하기도 했다. 그리고 가톨릭과 개신교 간 갈등이 극심했던 독일 내 왕국·공국들과 달리, 모든 종교에 관용적인 정책을 펴고 보통교육을 확대했으며, 성문헌법 제정 작업에도 참여했다. 특히 종교나 인종을 불문하고 인재를 채용한 것이 높이 평가된다.

정치 분야에서는 스스로 국가의 '첫 번째 종'이라 자처하면서 전제정치에 인간적인 자비로움을 접목하려고 시도해 '개화된 독재'라는 평가를 받고 있다. 그는 샤를마뉴, 나폴레옹과 함께 유럽의 위대한 지도자로 꼽힌다. 그러나 그의 모든 생애가 찬란한 영광으로 가

│ 프리드리히 대왕의 부친 프리드리히 빌헬름 1세(왼쪽)와 모친 조피 도로테아(각각 Samuel The-
odor Gericke, Antoine Pesne 작품)

득했던 것만은 아니었다. 그는 처음부터 타고난 군사전략가가 아니라, 오히려 예술가적 기질이 강한 사람이었다. 그의 부친은 이러한 프리드리히의 성정을 유약하다며 매우 싫어했고, 이것이 부자 간 갈등의 원인이 되었다.

프리드리히 대왕은 1712년, 프리드리히 빌헬름 1세(1688~1740)와 하노버의 조피 도로테아(1687~1757) 사이에서 14명의 자녀 중 네 번째로 태어났다. 첫째 형 프리드리히 루트비히(1707~1708)와 둘째 형 프리드리히 빌헬름(1710~1711)이 어려서 죽었기 때문에 프리드리히 대왕은 출생 시점에 이미 왕세자였다. 부왕 프리드리히 빌헬름 1세가 '군인왕'이라는 별칭만큼이나 독선적이었던 반면, 모후 조피 도로테아는 세련된 궁정인이었다. 하노버 선제후였던 외조부 게오르크 루트비히(1660~1727)는 프리드리히 대왕이 태어날 무렵인 1714년에 영국의 왕위를 계승하고 하노버 왕조를 열었다(조지 1세).

유럽의 역사를 보면 지금의 상식으로는 도무지 상상할 수 없는 일들이 있다. 영국 하노버 왕조의 첫 왕은 독일 프리드리히 대왕의 외할아버지다. 독일 출신이 영국의 왕이 된 것이다. 프랑스와 영국은 국적이 의미 없을 만큼 '결혼'을 통해 서로 왕위계승을 했다. 영국인이 프랑스의 왕이 되거나, 프랑스인이 영국의 왕이 되는 것인데, 이 역시 지금의 국경 기준에 따른 것일 뿐 그 시절에는 경계가 있지 않았으니 사실상 의미가 없는 것이다.

프리드리히 대왕의 아버지 프리드리히 빌헬름 1세는 난폭한 성격으로 아랫사람들을 함부로 대했다. 어머니는 세련된 교양인으로 프랑스 귀족 출신 가정교사를 초빙했는데, 이로 인해 국왕 부부는 정반대의 교육방침으로 늘 대립했다고 한다. 그리고 이런 교육철학은 어린 프리드리히에게 큰 영향을 끼쳤다. 부왕은 아들 프리드리히를 가르치면서 오페라, 희극같이 쾌락과 즐거움을 주는 예술이나 학문을 즐기는 것을 엄격히 금지했다. 프리드리히의 부친은 암살 공포증과 의심증이 있었는데 자주 프리드리히 대왕을 때리거나 폭언을 퍼부었다고 한다.

소년 시절, 프랑스인 가정교사의 영향으로 프랑스 문화에 심취한 프리드리히 대왕은 프랑스 문학과 플루트 연주를 좋아했다. 그러자 부왕은 프랑스인 가정교사를 해임했다. 프리드리히의 예술가 기질은 그의 어머니를 닮았다는 의견이 많다. 그는 어머니를 닮아 음악

상수시 궁전의 음악방

© Janstoecklin

┃ 상수시 궁전 음악방 플루트 콘서트를 묘사한 그림(1852, Adolph von Menzel)

을 좋아했으며 플루티스트인 요한 요아힘 콴츠로부터 플루트 연주를 지도받아 연주회를 열고는 했다. 그가 연주회를 열었던 방은 상수시 궁전에 '음악방'으로 개방되어 있는데, 그가 사용한 플루트와 악보대를 직접 볼 수 있다. 그는 바흐와 비발디, 헨델 등의 음악에도 큰 관심을 보였고, 음악감상을 즐기기도 했다.

부왕은 이러한 소식을 접할 때마다 노여워하며 공개된 장소에서도 회초리와 몽둥이로 아들을 때렸다고 한다. 상수시 궁전에는 프리드리히가 공부했던 서재가 있다. 그는 로마의 철학자 세네카의 책을 즐겨 읽었고, 라틴어·시·철학·음악 등에 조예가 깊었다고 한다. 아버지와 정반대 성향을 가진 그가 아버지의 학대와 주변의 냉담에도 불구하고 묵묵히 성장한 것이 놀랍기만 하다. 그도 나름대로 감옥 같은 공간에서 탈출을 모색했다. 사촌인 영국의 아멜리아 공주와의 혼담을 기회로 가출을 도모했는데 결과는 실패였다. 그는 육군 중위 한스 헤어만 폰 카테와 소위 페터 카를 크리스토프 폰 카이스의 도움을 받아 1730년 8월 5일 이른 아침에 여행지 숙소를 빠져나왔지만, 폰 카이스가 나중에 외국으로 도망쳐 모의를 누설하는 바람에, 왕세자와 폰 카테는 체포되어 지위를 박탈당하고 수감된 채 군사재판에 회부됐다.

부왕은 프리드리히에게 강인한 기질을 요구했으나 아들에게는 섬세한 면이 있었고, 부왕은 이를 심히 못마땅해했다. 군사재판은 카테를 2년간 성채에 감금하겠지만 왕세자를 단죄할 수는 없다고 했다. 그러나 이미 프리드리히를 왕위계승 대상에서 제외한다는 내용을 포고한 부왕은 재판을 수용하지 않았다. 당시 부왕은 암살의 공포에 시달렸기에 왕세자를 처형하려고까지 했다. 카이스는 이미 영국으로 도망갔지만 카테는 프리드리히 앞에서 참수당했다. 프리드리히는 그 모습을 볼 것을 강요당했지만 끝까지 보지 못한 채 실신했다고 전해진다. 얼마나 고통스러운 기억이었을까. 당시 그의 나이 18세였다. 프리드리히는 이 사건으로 깊은 실의에 빠져 투옥생활을 했고, 김옥의 목사가 부왕에게 아들이 더 이상 반항적이지 않다고 보고해 조건부 사면을 받았다. 수 주일 후, 부왕은 아들로부터 용서를 청원하는 편지를 받고 1730년 11월 18일 석방·복권시켰다. 부왕은 사회봉사를 하라는 조건을 제시했다. 아들은 무기한 봉사를 하다가 기존의 지위·자유·재산을 다시 찾을 수 있었다. 그가 이겨내야 할 고통의 시간이었다. 그는 잠시 성직에 몸담았다가 완전히 복권되었으며, 이후 점차 부왕의 통제를 벗어나기 시작했다. 그는 자신의 저술에서 이 시련기가 나중의 고난을 견디는 데 커다란 훈련이 되었다고 회고했다.

1733년 6월 12일에는 아버지의 뜻에 따라 오스트리아 육군 원수의 딸 엘리자베트 크리스티네와 결혼했다. 엘리자베트 크리스티네는 아름다운 용모에 신앙심도 투철하고, 남편에게 사랑받기 위해 여러 방면으로 노력하는 성실한 아내였지만, 두 사람 사이에 다정한 생활은 전혀 없었다. 나중에 7년전쟁이 끝나고 수년 만에 아내를 만났을 때도 "조금 살찐 것 같다"라는 한마디뿐이었다고 전해진다. 그 때문에 두 사람 사이에는 아이가 없었으며, 프리드리히 대왕의 조카가 왕위를 잇게 된다.

프리드리히 인생의 아이러니는 그가 그렇게도 대립했던 아버지를 그도 모르게 많이 닮아 있었다는 것이다. 그는 예술가적 기질 때문에 아버지와 대립했지만, 아버지와 같은 통치기술과 군사조직 능력을 갖추고 있었다. 프리드리히 대왕이 황태자였을 당시 프로이센은 부왕의 악명 높은 긴축정책과 광적일 정도로 고된 군사훈련을 통해 유럽에서 유일하게 튼튼한 국가재정과 질서정연하고 막강한 최정예 군대를 갖추고 있었다.

이 무렵 프리드리히 대왕은 부임처인 베를린 부근 라인스베르크 궁전에 머물면서, 마음에 내키지 않은 결혼을 한 대가로 얻은 자유를 마음껏 즐겼다. 부왕의 뜻에 따라 고된 군사훈련을 보고 참여하면서도, 여가에는 화가·작가·음악가를 초빙해 친분을 쌓았으며, 서간집 발간 등 저술활동에도 열심이었고, 독서와 플루트 연주도 즐겼다. 당시 병중이던 부왕은 더 이상 아들을 통제하기가 쉽지 않았다. 프랑스의 계몽사상가 볼테르의 영향을 받고 그에게 감화되었던 프리드리히가 볼테르와 본격적으로 편지를 주고받으며 친해지기 시작한 것은 결혼 직후 무렵이다. 프랑스 문화에 심취한 프리드리히 대왕은 프랑스 계몽주의 문학가들과 자주 교류했다. 그중 한 사람인 볼테르가 초대되어 있었던 방은 지금도 개방되어 볼 수 있다. 방 전체가 꽃이 가득 핀 정원처럼 장식되어 있는 이 방은 '볼테르방'으로 불리며 지금도 볼테르의 작은 조각상이 탁자에 놓여 있다.

《반마키아벨리론》

프리드리히 대왕에 대한 평가는 그를 어떤 측면에서 보는가에 따라 달라진다. 그의 인생은 끊임없는 침략과 전쟁에서 결코 자유로울 수 없다. 그러나 내가 관심을 가지고 본 것은 그가 쓴 《반反마키아벨리론Anti machiavelli》이다. 프리드리히 대왕이 마키아벨리론을 비판했지만 혹자는 그가 누구보다 마키아벨리의 《군주론》을 잘 실천한 왕이었다고 평가한다. 결과론적 평가는 사람들마다 모두 다를 것이다. 그러나 나는 그가 '왜 《반마키아벨리론》이란 책을 서술하려 했을까?'라는 측면에서 다시 생각해볼 필요가 있다고 본다. 왜 그는 마키아벨리의 《군주론》을 비판했을까? 그가 비판하려고 했던 군주의 모습은 무엇이었을까?

니콜로 마키아벨리(1469~1527)는 '정치행위를 윤리적 가치나 종교적 규율로부터 분리'하려 했다. 그의 대표작 《군주론Il Principe》은 냉혹한 현실에 바탕을 둔 정치를 역설하며 정치와 도덕의 분리를 주장한다. 그는, 이상적인 군주는 착하고 어진 군주가 아니라 때로는 냉혹해야 하고, 필요하다면 스스로 약속을 어길 수도 있는 군주라고 말한다. 이 때문에 마키아벨리는 '권모술수의 화신' '서양의 한비자' 등의 별명을 가지고 있다. 《군주론》에서 가장 유명한 부분은 "군주는 여우의 지혜와 사자의 힘을 동시에 갖춰야 한다"는 비유다. 이 책의 핵심으로 읽히는 18장의 내용은 아래와 같다.

나는 야수 중에도 여우와 사자에 주목해야 한다고 생각한다. 사자만으로는 덫으로부터 몸을 지킬 수 없고, 여우만으로는 이리로부터 몸을 지킬 수 없으나, 여우임으로써 덫을 피할 수 있고, 사자임으로써 이리를 쫓아버릴 수 있기 때문이다. 다만 여우적인 성질은 교묘히 사용되어야 한다. 아주 교묘히 속에 감추어놓은 채 시치미를 뚝 떼고 의뭉스럽게 행사할 필요가 있다.

마키아벨리 사상의 핵심은 "힘이 없는 선은 악보다 못하다"는 것이다. 오로지 선의만 가지고서는 결코 백성을 다스릴 수 없음을 강조한다. 나라를 지키기 위해서는 신의에 어긋나는 행위도 해야 하고, 자비심을 버려야 할 때도 있다는 것이다. 인간성을 내려놓고, 깊은 신앙심도 잊어야 하는 경우가 있음을 강조한다. 그는 국민에게 사랑받는 것보다 무섭게 여겨지는 편이 군주로서 안전한 선택이라고 권한다. 프리드리히 대왕이 마키아벨리의《군주론》에 대해서 비판한 것은 바로 이러한 자비 없는 왕의 모습이다. 그는 자비·정의·책임감을 군주의 주요 덕목으로 꼽으며《군주론》을 비판한다. 마키아벨리가 제시한 권모술수를 지향하는 르네상스적 군주상에 반대 의견을 제시한 것이다. 그가 쓴《반마키아벨리론》은 볼테르의 손을 거쳐 네덜란드에서 익명으로 출판되어 수 개 국어로 번역되었다.

물론 프리드리히 대왕이 이 책에서 서술한 내용과 그가 즉위한 후에 보여준 모습의 괴리가 너무 커 결국 볼테르에게도 비난을 받았다는 이야기가 있다. 그러나 그가 계몽주의적 개혁정책을 시행하려고 한 것만은 분명하다. 그는 왕으로 즉위하자마자 바로 고문 폐지, 언론검열 폐지, 종교적 차별 금지를 추진했다. 이와 같은 내용을 법으로 제정해나갔고, 즉위 초기에는 오페라 극장 건설, 빈민구제를 실행했다. 또한 선왕 때부터 원성이 자자했던 왕실 근위부대를 해산했다. 학문을 멸시했던 선왕 프리드리히 빌헬름 1세의 반지성주의 아래 폐업이나 다름없는 상태였던 베를린 아카데미도 부흥시켰다. 과거에 추방되었던 학자들을 다시 불러들임으로써, 베를린은 '북방의 아테네'로 칭송받게 되었다.

프리드리히 대왕은 군주의 도덕성을 정치와 분리하는 것이 바람직한 모습이라 생각하지 않았다. 그가 생각한 군주의 도덕성은 자비와 정의, 책임감을 갖춘 모습이었다. 그렇다면 유럽의 리더 독일이 1·2차 세계대전의 역사를 극복하면서 보여준 모습이 바로 프리드리히 대왕이 추구한 이상적인 리더의 모습이 아닌가! 역사 앞에서 정의가 무엇인지를 끊임없이 묻고 이에 책임지려고 한 독일 지도자의 모습 안에서 프리드리히 대왕의 의지를 본다.

독일 통일의 영웅, 비스마르크

브란덴부르크문 뒤에 서면 정면으로 거대한 높이의 전승기념탑이 보인다. 전승기념탑 위에 높게 솟은 금빛 천사의 날개는 햇살이 반짝이는 날엔 더욱 반짝인다. 이 전승기념탑은 독일이 찬란한 역사로 기억하는 또 하나의 위대한 인물 비스마르크를 위해 세운 것으로, 1864년 덴마크 전쟁, 1866년 오스트리아 전쟁, 1870~1871년 프랑스와 치른 보불전쟁 승리를 기념하고 있다. 비스마르크는 이 모든 전쟁을 승리로 이끈 최고 공신이자, 독일 역사에서 최초로 통일을 이룩한 프로이센의 수상이었다. 그가 수상으로 재임하던 시기 독일은 유럽의 진정한 강대국 대열에 들어서게 된다. 또한 수백 년간 지속된 독일의 지역주의를 타파하고 독일 제국을 강력한 민족국가로 탄생시켰다. 1860년대 초반부터 구체화되기 시작한 독일권의 통합 과정에서 비스마르크는 작지 않은 난관에 부딪혔다. 그럴 때마다 그는 정치적 역량을 발휘했고 독일은 마침내 하나의 강력한 민족국가의 기틀을 갖추게 된다. 독일 제국 수상으로 있을 때 비스마르크는 '세계 최초 의료보험·산재보험·노인복지법' 등 복지정책을 실행하여 사회보장제도의 기틀을 마련했다.

비스마르크의 어린 시절, 독일은 나폴레옹의 침략을 받아 비참한 상황이었다. 사관학교 진학을 바라는 부모의 기대를 저버리고 그는 괴팅겐 대학에서 법학을 전공한다. 대학 졸업 후 지방법원 판사, 의회 의원, 주 러시아·주 파리 공사 등을 거친 후, 1862년 프로이센 총리가 된다. 특히 그는 1862년 9월 30일, 의회에서 국방예산 삭감에 대한 연설을 하며 '철혈 재상'이라 불리게 된다.

▌ 브란덴부르크문 뒤에 있는 전승기념탑

▌ 독일을 통일하고 강대국으로 만드는 데 앞장선 비스마르크

현재 프로이센의 당면 문제는 자유가 아니라 미래를 위한 군비확충입니다. 이 시대의 중요한 문제들은 더 이상 언론이나 다수결에 의해 좌우되는 것이 아닙니다. 미래 독일이 직면하게 될 문제들은 오직 철과 피에의해서만 해결할 수 있는 것입니다.

비스마르크의 군사적 압력과 노련한 외교로 1867년 독일은 마침내 북부 지역을 통합했고, 뒤이어 오스트리아와의 전쟁을 승리로 이끌며 주변 강대국의 영향력을 모두 제거한다. 또한 사회복지정책을 통해 시민계급을 국가정책의 조력자로 끌어들인다. 러시아와는 시종 우호적인 관계를 유지하면서, 독일 내부적으로는 통일 과정에서 생긴 갈등을 잠재우는 데 심혈을 기울였다. 그러나 독일 완전통일의 마지막 걸림돌이었던 프랑스와는 결전이 불가피한 것으로 판단하고 이에 대한 철저한 준비를 한다.

마침내 1870년 7월 19일, 앙숙관계에 있던 프로이센과 프랑스가 국가의 존망을 건 전쟁을 시작했다(보불전쟁). 강한 군대를 육성하고, 주변국과의 관계를 정비하는 등 사전에 치밀하게 전쟁을 준비한 프로이센에 프랑스는 애초부터 상대가 되지 않았다. 약 4개월 동안 프로이센군에게 포위된 파리의 무능한 정치가들은 결국 1871년 1월 29일, 굴욕적인 항복을 하게 된다. 1871년 1월 18일, 프랑스의 심장부 파리 베르사유 궁전 '거울의 방'에서 통일 독일의 황제 즉위식이 거행되었다. 프로이센이 주도하여 독일을 통일국가로 만들고, 프랑스와의 전쟁에서 승리하면서 독일이 유럽의 강국으로 우뚝 서는 순

| 베르사유 궁전에서 진행된 빌헬름 1세 황제 즉위식(1885, Anton von Werner)

간이었다. 국왕에서 황제로 변신한 그림 속의 빌헬름 1세 황제와 비
스마르크 총리의 모습은 독일 역사의 '영광의 순간'으로 기억되고
있다.

근거 없는 낙관주의와 철없는
이상주의의 경계

운명에 겁내는 자는 운명에 먹히고, 운명에 부딪히는 사람은 운명이 길
을 비킨다. 대담하게 나의 운명에 부딪혀라! 그러면 물새 등에 물이 흘
러버리듯 인생의 물결은 가볍게 뒤로 사라진다.

_ 비스마르크

비스마르크는 주어진 운명을 두려워하기보다 맞서 싸우는 길을
선택한 사람이다. 그러나 그는 준비 없이 운명에 부딪힌 인물은 아
니었다. 그 누구보다 외부의 상황을 자세히 분석하고 기회와 위기를
통해 내부자원의 강점과 약점을 철저히 파악했다. 그가 경계한 것은
근거 없는 낙관주의와 철없는 이상주의다. 그는 내부자원을 극대화
하면서 전략적 목표를 달성하기 위해 철저하게 현실적인 대비를 했
다. 그는 완벽하게 전쟁에 대비하는 한편, 외교를 통해 외부의 위험
을 미리 방지하기도 했다.

1862년 빌헬름 1세의 지명으로 수상에 취임한 그는 수상 취임
후 첫 연설에서 '철혈정책'을 통한 군비 확장을 주장한다. 그리고 주
변국과의 전쟁에서 모두 승리하며 통일을 이룩했다. 이후 비스마르
크는 1871년부터 1890년까지 독일 제국의 제국 수상Reichskanzler
으로서 유럽 외교무대를 주도하며 강대국 간의 세력균형을 유지하
기 위해 노력했다. 국내에서는 1872년부터 남부 독일의 가톨릭교도

를 억압했고, 1878년 '사회주의자 진압법'을 제정하여 사회주의를 제지했다. 사회주의자들이 노동자 세상을 만들기 전에 복지를 노동자들에게 제공함으로써 사회주의 운동을 회유하려 한 것이다. 또한 독일의 자본주의 발전과 식민지 획득을 장려하여 아프리카에 독일 식민지를 확보하는 데 공헌하기도 했다.

비스마르크의 리더십은 분명 한계가 있었지만 그가 경계하려고 한 '철없는 이상주의의 위험성'만큼은 현재 독일의 리더에게도 교훈이 될 것이다. 제조업 혁명이었던 3차 산업혁명을 이끌어간 독일의 자동차 산업과, 4차 산업혁명에 가장 빠른 준비를 한 'Industry 4.0' 정책을 통해 변화에 미리 준비하는 철저한 비스마르크의 현실주의 정신을 본다.

프란최지셔 돔에서 만난 프리드리히 빌헬름 대선제후

베를린의 브란덴부르크문에서 이어지는 운터 덴 린덴 거리는 매력적이다. 걸어가는 거리마다 광장, 교회, 대학, 콘서트홀, 박물관, 미술관 등이 이어진다. 독일의 문화·예술이 이 거리에 집약적으로 펼쳐진다. 문화·예술의 중심은 경제 중심지와는 다르다. 문화와 예술이 살아 있는 도시는 시대의 변화에 따라 도시의 중심이 변해도 그 흔적이 선명하게 남아 도시를 지탱한다. 경제의 중심이 다른 곳으로

❚ 운터 덴 린덴 거리

❚ 젠다멘마르크 광장에 있는 프란최지셔 돔

이동하게 되면 그곳에 남겨진 사람들이 쇠퇴와 몰락을 극명하게 경험하는 것과 매우 다른 현상이다. 문화·예술의 중심이 있던 곳에는 품격 있는 건물과 명화, 예술과 문화의 향기라는 유산이 남아서 사람들은 그 중심이 바뀌어도 여전히 과거의 영광을 향유한다. 로마, 피렌체, 파리, 빈 같은 문화·예술의 중심을 경험한 장소는 지금까지도 세계적인 관광지, '동경의 장소'가 되어 있다. 역사적으로 문화·예술의 중심이었던 곳은 브랜드가 되고, 경제의 중심이었던 곳은 브랜드가 되지 않는 것은 매우 흥미로는 현상이다. 그런 면에서 운터 덴 린덴 거리는 베를린 문화·예술의 중심 거리로 그 자체가 독일이라는 국가의 브랜드를 만들고 있다. 이 거리에서 나는 문화가 가지는 다양성과 관용성이 피워낸, '세상에서 가장 아름다운 꽃' 프란최지셔 돔을 본다.

젠다르멘마르크 광장에 있는 프란최지셔 돔은 '프랑스 교회'라는 뜻으로, '프랑스 돔'이라고도 불린다. 독일에 있는 프랑스 교회! 이 교회는 프랑스에서 이민온 신교도(위그노)를 위해 지어졌다. 1600년대 후반 유럽 최고의 선진국이었던 프랑스에서 어느 날 갑자기 종교의 자유가 사라졌다. 절대군주였던 루이 14세가 '하나의 나라, 하나의 국왕, 하나의 종교'라는 모토 아래 프랑스에 거주하는 모든 신교도에게 개종을 강요한 것이었다. 개종을 거부한 위그노들은 외국으로 망명해야 했다. 이때 브란덴부르크-프로이센(프로이센 공국과 브란덴부르크 선제후국이 합쳐졌던 1618년부터 1701년 사이를 말한다. 그 후 1701년부터 1918년까지를 프로이센 왕국으로 부르고 있다)의 통치자가 그들에게 손을 내밀었다. 종교의 자유뿐 아니라 집과 일자리, 토지와 정착금까지 대주겠다는 파격적인 조건과 함께.

당시 자그마치 2만 명의 위그노가 이 먼 베를린으로 몰려왔다. 그들은 당시 유럽의 변방이었던 베를린 사람들에 비해 월등히 뛰어난 기술과 학문을 갖춘 엘리트 집단이었다. 브란덴부르크-프로이센의 통치자는 위그노들이 베를린에 뿌리내릴 수 있도록 애썼다. 후계자들에게는 자신의 정책을 이어가라고 당부했다. 그 통치자의 이름은 프리드리히 빌헬름 대선제후(1620~1688)다. 프란최지셔 돔은 대선제후의 아들이 아버지의 유지를 받들어 위그노들의 마음을 보듬기 위해 세운 성당이다. 프랑스의 유명한 신교 교회를 본떠서 만들어져, 고향을 떠나 멀리 타향으로 터전을 옮긴 위그노들의 마음을 위로했다. 장소 선정은 더 놀랍다. 당시 브란덴부르크-프로이센의 수도 베를린의 한복판에 위그로를 위한 안식처를 마련해준 것이었다.

그에 대한 보답으로 위그노들은 베를린을 제2의 고향으로 삼고 상업과 공업을 비롯해 각종 기술과 학문을 비약적으로 발전시켰다. 브란덴부르크-프로이센의 대선제후는 왜 수많은 이민자를 받아들이고자 했을까? 빌헬름이 선제후에 올랐던 해는 여전히 30년전쟁(1618~1648, 강대국들의 이해관계가 얽혀 일어난 신·구교 간 종교분쟁)이 한창일 때였다. 당시 베를린은 전쟁으로 완전히 황폐해져 있었다. 브란덴부르크-프로이센의 인구는 전체적으로 30년전쟁 전과 비교했을 때 절반 이하로 떨어진 상태였다. 외세로부터 나라를 지키고 경제를 부흥시켜 강한 나라를 만들려면 무엇보다 먼저 강력한 군대와 효율적인 정부가 필요했다. 브란덴부르크-프로이센은 막강한 군사력에 투자하고, 오데르강과 슈프레강을 연결하는 운하를 건설해서 경제 부흥에 힘썼지만, 문제는 사람이었다. 30년전쟁으로 줄어든 인구가 단기간에 복구될 리 만무했다. 상업, 무역, 금융, 농업과 각종 제조업을 이끌어나갈 엘리트의 수가 턱없이 부족했다.

대선제후는 집권 초기부터 이민정책에 지대한 관심을 기울였다. 우수한 인재를 외부에서 끌어들여 낙후된 사회에 새로운 활력을 불어넣겠다는 전략이었다. 위그노가 몰려오자 지지부진하던 브란덴부르크-프로이센의 각종 산업과 농업이 위그노의 주도하에 활력을 띠기 시작했다. 경제뿐 아니라 교육에 대한 기여도 엄청났다. 베를린에 문을 연 과학연구소 창립회원의 3분의 1이 프랑스 출신일 정도였다. 이제 브란덴부르크-프로이센은 유럽에서 종교의 자유가 가장 폭넓은 나라이자 가장 역동적인 나라가 된 것이었다.

관용정신과
부강한 국가

프리드리히 빌헬름 대선제후는 종교적 관용을 베풀어 외국인을 끌어들이고 이들을 끌어안음으로써 나라를 발전시켰다. 복지와 인권이 중요시되는 지금도 전 세계는 난민과 이민 문제 해결을 버거워하고 있다. 그 어려운 일을 빌헬름 대선제후는 이미 300년 전에 해낸 것이다. 시리아 난민을 받아들였던 독일 메르켈 총리의 이민정책의 씨앗이 빌헬름 대선제후의 리더십에 있었던 것은 아닐까? 역사 속에서 강성한 국가가 보여주는 한 가지 공통점이 바로 개방과 관용성이다. 중국이 제국을 이루던 수많은 시기 중 문화적으로 가장 융성했다고 평가되는 당나라는 개방적인 국가였다. 폐쇄적 국가는 점점 고립과 멸망을 향해 갔다. 그러나 관용성 안에서 모든 것을 개방하고 받아들이려는 국가는 끊임없이 학문과 문물이 유입되며 발전해간다. 새로운 사람들의 유입은 또 다른 지식과 발전을 만든다. 그리고 한곳에 고이지 않고 물처럼 흘러가게 한다.

2011년 '아랍의 봄' 이후 내전으로 시리아 난민 630만 명, NATO 군 철수 후 탈레반 활동 재개로 인한 아프가니스탄 난민 260만 명, 2011년 수단에서 분리독립 후 내전이 일어난 남수단 난민 240만 명, 이슬람계 로힝야족에 대한 탄압으로 인한 미얀마 난민 120만 명, 극단주의 무장세력의 폭력사태로 발생한 소말리아 난민 99만 명이 유럽으로 들어왔다. 이들로 인해 유럽 전역은 2011년 이래 계속해서 이민자가 몰렸고, 시리아 내전이 더욱 격화된 2015년과 2016년에는 엄청난 수의 이민자가 대거 유입되는 사태에 직면한다. 난민들은 고무보트를 타고 지중해를 가로질러 유럽으로 향했다. 매일같이 수천 명이 유럽 남부 해안에 도착했고, 유럽 국가들의 국경이 폐쇄되기 전까지 계속 서쪽으로 몰려갔다. 이 상황에서 당시 독일 총리인 메르켈은 100만 명 이상의 난민과 망명 신청자들을 받아들이는 결정을 했다.

┃ 독일 함부르크에 있는 난민 캠프

메르켈은 정치적으로 자신에게 해가 될 가능성이 큼에도 2015년
과 2016년에 독일 국경을 개방하기로 했다. 이를 위한 재정을 지원
했고, 난민신청센터를 새로 지었으며, 언어 및 직업훈련 기회를 제
공했다. 메르켈의 결단으로 인구 고령화의 타격을 받고 있던 독일의
인구 구성이 바뀌었다. 반反이민을 주장하는 당파가 유럽 전역에서
주류에 진입하고 있는 상황에서 독일은 유럽에서 가장 인도주의적
인 국가로 자리매김하게 된 것이다.

메르켈의 결정에 우려를 표하는 시선은 많다. 전문가들은 독일
정부가 극우 세력이 부흥할 새로운 토대를 제공했다고 말한다. 안보
문제도 당면한 큰 이슈다. 최근 몇 년 동안 쾰른과 베를린에서 일어
난 테러에 난민이 관련되어 있었다. 프랑스나 영국 등 다른 유럽 국
가에 비하면 문제가 미미한 편이지만, 반난민 정서를 가진 사람들은

더욱 극우를 향해 나아가고 있다. 실제로 신흥 극우정당 '독일을위한대안AfD'은 난민배척을 호소하며 지지를 늘려, 2017년 총선거에서 처음으로 연방의회에 진출했으며, 이후 치러질 선거에서도 약진이 예상된다. 그런데 2019년 1월 7일, AfD 소속 국회의원들이 습격당해 중상을 입은 사건이 생겨 정치적 갈등이 이어졌다. 이런 상황에서 다시 좌우 간의 극단적 대립이 시작된다면 신나치당이 또다시 등장하지 않으리라는 보장이 없다. 앞으로 수년간 사회를 통합하는 것은 독일 지도자들과 독일인들의 몫이다. 나는 역사에서 보여준 그들의 저력으로 충분히 난관을 극복할 수 있다고 믿는다. 역사는 막으려는 곳에서 비극이 시작되고, 관용과 개방에서 찬란한 문화가 시작된다는 것을 보여준다.

프란쵀지셔 돔을 가진 독일의 난민 수용이라는 선택은 미국의 이민정책을 생각나게 한다. 유대인이 나치를 피해 망명한 나라가 미국이었다. 그렇게 미국으로 온 유대인들은 미국 학문을 주름잡는 거대한 집단이자 미국의 브레인이 된다. 유대인이라는 브레인을 엄청나게 학살하고 다른 나라로 떠나가게 만든 독일은 이제 난민을 받아들이겠다는 결단을 내렸다. 독일이 솔선수범하여 유럽 내 난민 문제를 풀어갈 것임을 공표한 것이다. 물론 그들이 갈 길은 멀어 보인다. 난민 문제는 현재 유럽의 매우 심각한 골칫거리다. 가장 안전하다고 알려진 스웨덴에서조차, 일부 난민들이 일을 하지 않고 범죄를 저질러 사회 문제가 되고 있다. 난민으로 인해 사회안전망이 파괴되어 혹자는 더는 '안전'하지 않다고도 말한다. 포용적 난민정책으로 많은 난민을 받아들인 나라에서는 그에 대한 반발의 움직임이 더욱 강해지고 있다. 반난민의 흐름 속에 미국이 있다. 한때 이민자들의 나라였던 미국은 이제 자국 중심의 폐쇄성만 가진 국가로 향해 가고 있다. 역사는 다시 돌고 돈다. 그렇다면 이제 21세기 미국이 쫓아낸 수많은 사람들은 어디로 향할까? 지금의 메르켈과 트럼프의 선택을 과연 미래의 역사는 어떻게 설명하게 될까? 300년 전의 역사 속에서 빌헬름 대선제후는 우리에게 무엇을 전하고 있는 것일까?

04

독일에서 만난
동아시아의
미래

왜 동아시아는 다른가?

독일은 1·2차 세계대전에서 세계를 초토화했다. 1000만 명이 넘는 사람들이 전쟁에서 죽어갔고, 유대인 600만 명은 이유도 모른 채 가스실에서 죽임을 당했다. 잔혹하고 끔찍한 전쟁의 시대는 끝나지 않을 것 같았다. 그랬던 유럽이 지금은 같은 화폐를 사용하고 옆동네처럼 국경을 넘나든다. 유럽은 하나의 '공동체'가 되어 유럽연합EU을 만들었다. 전쟁의 역사, 그 중심에 있는 독일은 지금 EU를 이끄는 리더다. 제2차 세계대전 이후 연합국에 의해 분단되었던 동서독은 1990년에 통일을 이루었다. 유대인을 대량학살했던 이 나라는 이제 난민에게 가장 관용적인 나라가 되어, 시리아 난민 문제를 함께 해결하자고 EU 가입국을 설득한다. 독일은 한 세기가 지나기도 전에 전쟁의 역사를 평화의 역사로 바꿔낸 것이다.

그러나 동아시아의 역사는 다르다. 또 하나의 제2차 세계대전 전범국 일본은 독일과 다른 길을 간다. 일본은 철저하게 과거사를 반성하지 않았다. 여전히 주변국과 갈등한다. 제2차 세계대전 승전국 미국은 역사의 '정의'보다 자국의 전략적 목표가 더 중요했다. 동아시아에 대한 전략적 이유로 전범국인 일본을 활용했다. 일본은 과거사에 대한 반성도 사과도 없이 미국의 안보우산으로 들어갔다. 제2차 세계대전 이후 냉전으로 분단된 독일은 통일을 이루었다. 그러나 한반도는 여전히 분단 상태다. 북한의 핵문제는 동아시아를 신냉전으로 만드는 변수가 되고 있다.

그렇다면 독일은 제2차 세계대전과 냉전이라는 같은 사건을 겪고도 동아시아는 만들어내지 못한 통합과 평화의 역사를 어떻게 만들어낸 것일까? 독일과 유럽이 만든 이 기적의 역사가 왜 동아시아에서는 실현되지 못하는 걸까? 동아시아의 중국과 일본은 왜 독일과 같은 역할을 못 하는가? 동아시아 통합에 있어 한국이 할 수 있는 역할은 무엇일까? 그 이유를 다음 세 가지로 정리해본다.

고통스러운 기억을 공개하려는
독일인들의 노력

독일의 기념비는 특별하다. 유럽을 여행하는 사람들은 도심의 주요 거리에서 고대 로마 양식의 웅장한 개선문을 만난다. 대부분 나폴레옹 전쟁에서 각국이 거둔 승리를 기념하는 개선문이다. 영국은 하이

드 파크 코너에 웰링턴 개선문Wellington Memorial Arch을 세웠다. 영
국이 개선문을 세운 곳은 워털루 전투를 승리로 이끈 웰링턴Arthur
Wellesley Wellington(1769~1852)의 집 앞이었다. 프랑스는 출정하는 군
인들의 모습을 새긴 거대한 개선문Arc de Triomphe을 파리에 세웠다.

그런데 독일의 뮌헨 개선문Siegestor은 영국이나 프랑스의 개선문
과는 다르다. 뮌헨 개선문은 프랑스대혁명과 나폴레옹 전쟁 중에 바
이에른이 보여준 용기를 기리며 1840년대에 세워졌다. 뮌헨은 현
독일 바이에른 주의 주도州都이다. 바이에른 지역은 중세 시절부터
독일의 유서 깊은 공국이자 선제후국의 하나로 나폴레옹 전쟁기에
나폴레옹에게 협력하면서 주변의 작은 공국들을 흡수하며 세력을
넓혀갔다. 나폴레옹은 유럽 평정에 도움을 준 바이에른, 작센, 뷔르
템베르크 등 3개의 공국을 1806년에 왕국으로 승격시켜주었다. 물
론 이는 신성로마제국 내 유일한 제국인 오스트리아와 유일한 왕국
인 프로이센을 견제하기 위한 의도도 컸을 것으로 보인다. 그러니까
이 개선문은 바이에른의 군대가 나폴레옹 전쟁 당시 오랫동안 프랑
스와 연합하여 독일 내 다른 국가들을 공격했다는 불편한 사실은
언급하지 않은 채 조심스럽게 "바이에른의 군대에게Dem Beyerichen
Heere"라는 말만 새겨놓았다.

이 개선문이 모델로 삼은 것은 로마의 콘스탄티누스 개선문Arco
di Constantino이다. 뮌헨 개선문의 장식은 화려했다. 개선문 꼭대기
에는 사자 네 마리가 이끄는 전차를 탄 바바리아 여신의 청동상을
올렸다. 바바리아 여신상 아래 새겨진 "바이에른의 군대에게"라는

문구는 개선문이 누구의 공적을 기리는지 알려준다. 여기까지만 보면 웰링턴 개선문이나 파리 개선문, 뮌헨 개선문은 모두 같은 방식으로 승리를 기념하는 것처럼 보인다. 그러나 뮌헨 개선문의 뒷면은 다르다. 여기서부터가 매우 흥미롭다.

독일은 제2차 세계대전 중에 심하게 훼손된 개선문의 뒷면을 보수하면서 폭격으로 파괴된 세부 장식을 전혀 복구하지 않았다. 그저 평평하고 무늬가 없는 면이 개선문의 상단을 차지하고 있을 뿐이다. 그 텅 빈 면 아래쪽에는 짤막하게 다음과 같은 문구만이 새겨져 있다.

승리에 헌정되고 전쟁으로 파괴되어 평화를 역설하는

Dem Sieg geweiht, vom Krieg zerstort, zum Frideden mahnend

런던과 파리의 개선문은 승전의 소식만을 전한다. 전쟁의 승리와 국가의 영광만이 떠오른다. 그에 반해 뮌헨의 개선문은 영광스러운 그날을 기억함과 동시에 훗날 파괴된 사실까지 함께 기억하게 한다. 뮌헨의 개선문에는 승리에 대한 기념과 쓰라린 패배, 죄의식이 복합적으로 존재한다. 전쟁의 역사 속에 영광만 존재하는 것이 아님을 강조한다. 과거에서 배운 교훈을 잊지 말라고 후대에 전하고 있는 것이다. 베를린 홀로코스트 추모비 또한 '고통스러운 기억을 공개하려는 독일인들의 노력'을 잘 보여주는 또 하나의 공간이다. 수도 한복판에 수치스럽고 고통스러운 역사를 담는 나라가 독일 외에 또어디 있을까?

독일 뮌헨 개선문의 앞면(위)과 뒷면

▍베를린 홀로코스트 추모비

　이렇게 독일은 고통스러운 역사의 기억을 공개하려고 노력한다.
대부분의 국가가 영광의 역사를 부풀리고 그들이 현재 누리는 지위
의 당위성을 강화하는 방향으로 역사를 해석하는 것과는 정반대다.
미국은 오래전부터 기독교(프로테스탄티즘)와 민주주의, 자본주의 시
스템을 전파하는 것을 미국의 명백한 사명manifest destiny이라 주장
해왔다. 미 합중국이 북미 전역을 지배하고 개발할 신의 명령을 받
았다는 주장이다. 이 이론은 팽창주의와 영토 약탈을 합리화하는 근
거가 되었다. 영국과 프랑스는 전 세계가 자신들의 정치발전 모델을

따라야 한다며, 제국주의 팽창을 통해 세계를 나누어 가졌다. 1871년, 비스마르크가 독일 내 여러 국가를 독일 제국으로 통합해 유럽의 산업경제강국으로 만들었으니 독일도 그렇게 할 수 있지 않았을까?

하지만 그 후 독일은 제1차 세계대전 패배와 바이마르 공화국 붕괴, 나치 정권의 흉악한 범죄의 역사를 경험해야 했다. 물론 일부러라도 고통의 역사를 축소하거나 왜곡할 수 있었겠지만 독일은 그 길을 선택하지 않았다. 독일은 영광의 역사만 기억하기보다는 끊임없이 되새겨야 할 역사를 있는 그대로 공개하는 길을 선택했다. 독일은 왜 다른 나라와 다르게 고통의 역사를 공개하는 길을 선택했을까?

나는 그 이유를 반드시 미래를 변화시키겠다는 독일의 의지에서 찾는다. 독일에서 기념비는 그것이 영광의 역사이든 추모의 역사이든, 단순한 과거의 기억만을 의미하지 않는다. 그들은 과거의 고통스러운 기억을 꺼내 반드시 같은 역사를 반복하지 않겠다고, 다른 미래를 그려야 한다고 후대에 전하고 있는 것이다. 독일의 저명한 정치평론가 미하엘 슈튀르머Michael Sturmer는 이렇게 말했다.

"오랫동안 독일에서 역사의 목적은 그런 일이 절대 재발하지 않게 하는 것이었다."

그렇다면 동아시아는 어떠한가? 똑같은 제2차 세계대전 전범국가인 일본은 고통의 역사를 공개하려는 노력을 하고 있는가? 자신들의 침략에 대해 철저히 반성하는 모습을 아시아 국가들에게 보여주었는가? 중국은 문화대혁명이나 천안문 사건 같은 고통의 역사를 감추고 있지 않은가? 우리는 베트남 전쟁에 참전하면서 저지른 민간인 학살 사건과 같은 수치스러운 역사를 감추고 있지 않은가? 피해자로서 비극의 역사를 이야기하는 것보다 가해자로서 고통의 역사를 공개하고 반성하는 것은 더 어려운 일이다. 그런데 독일은 그 고통의 기억을 끊임없이 꺼낸다. 고통의 역사를 공개하는 독일의 노력, 그것은 유럽을 통합하고 평화의 역사를 만드는 독일의 힘이다.

갈등하는 지역서사가 만드는 풍요로운 복합

1871년 비스마르크에 의해 통일되기 전까지, 독일에게는 공동의 목표의식이 거의 없었다. 수 세기에 걸쳐 강력한 중앙집권제를 형성한 다른 나라들과 달리 독일은 신성로마제국이라는 느슨한 연합체로 존재했다. 신성로마제국이라는 큰 울타리 아래 있었지만 독일 전역은 수백 개의 크고 작은 자율적인 국가들로 나뉘어 있었다. 그렇게 근 1000년에 가까운 세월 동안 독일 내 국가들은 각자의 이익에 맞춰 때로는 연합하고 때로는 갈등하며 고유의 지역역사를 써온 것이다.

닐 맥그리거Neil MacGregor는《독일사 산책Germany: Memories of a Nation》이라는 책에서 독일의 역사를 다음과 같이 설명한다.

영국과 프랑스는 수 세기에 걸쳐 강력한 중앙집권제를 형성했기 때문에 자국의 역사를 어느 정도 신빙성 있는 단일국가 서사로 제시할 수 있었지만, 정치 분권화 기간이 길었던 독일 역사의 대부분은 단 하나의 국가서사로 엮을 수 없었다. 신성로마제국이 독일어를 사용하는 유럽 지역 대부분을 아우르며 독일에 대한 소속감의 토대를 마련했지만, 제국을 구성한 수많은 정치 단위를 통제하거나 조율할 입장은 아니었다.

_ 닐 맥그리거, 《독일사 산책》, 33쪽

서로 갈등하며 하나로 단일하게 통합될 수 없는 지역서사들이 독일 역사의 많은 부분을 차지한다. 프리드리히 대왕을 대하는 포츠담과 드레이센의 차이만 봐도 쉽게 알 수 있다. 포츠담은 프리드리히 대왕의 궁전이 있었고, 가장 많은 군대가 주둔했던 지역이다. 그는 엄청난 영토를 확보하고 전쟁에서 승리한 국가 영웅이지만, 그의 승리 대부분은 현재 독일 내 다른 국가들을 희생시켜 얻은 결과였다. 프로이센은 7년전쟁 동안 작센을 철저히 유린했고 1760년에는 작센의 수도 드레스덴을 무참히 파괴했다. 그러므로 프리드리히 대왕은 프로이센에서는 영웅이었지만 작센에서는 침략자가 되는 것이다. 포츠담과 드레스덴은 기차로 3시간 정도 되는 거리를 두고 있나. 포츠담에는 거리 곳곳에 '프리드리히'라는 글자가 보이는 반면, 작센의 중심지였던 드레스덴에는 프리드리히의 이름이 보이지 않는다.

7년전쟁 당시 오스트리아는 프랑스·스웨덴·러시아·작센 등과 동맹을 맺었고, 식민지 쟁탈전에서 프랑스와 경쟁하던 영국은 프로이센과 손을 잡았다. 당시 영국에서 프리드리히 대왕은 존경스러운 인물로 명성이 자자했다. 영국 우스터worcester 도자기 공장은 그를 기리는 도자기 세트를 생산했고, 1914년까지만 해도 영국 전역에 프로이센 왕이라는 간판을 자랑스럽게 내건 술집들이 있었다. 하지만 프리히드리히 대왕에 관한 독일의 공통 평가는 있을 수 없다. 드레스덴에 그를 기념하는 도자기가 없는 것도, 작센에 그의 이름을 내건 술집이 전혀 없는 것도 놀랄 일이 아닌 것이다.

이렇게 지방마다 뚜렷한 역사를 지닌 수많은 개별 정치 단위들을 하나의 단일한 민족서사로 만들 수 있을까? 비스마르크의 통일 이후 독일은 하나의 단일한 정체성을 가지게 되었다고 이야기하지만, 독일 땅이 가지고 있는 각 지역의 서사는 거의 1000년이 넘는 시간 동안 지속되어온 것이다. 독일의 역사가 얼마나 다채로운 조각들로 이루어져 있는지를 생각해보게 된다. 어떤 학자들은 복잡한 지역서사를 가진 독일 역사를 허약한 분열의 연속이라고 말하지만, 나는 오히려 '느슨한 형태'의 풍요로운 복합일지도 모른다고 생각한다. 독일은 각 지역이 가진 지역적 역사와 특색을 하나의 단일 기제로 강제하여 만들지 않는다. 그저 그대로 놓아둘 뿐이다. 다양성이 만들어내는 풍요로움이 독일의 지역마다 남아 있다. 프리드리히 대왕은 독일 전 지역에서 기억해야 하는 국가 영웅이 아니어도 좋은 것이다. 그 지역이 가지는 역사를 있는 그대로 존중하는 과정은 자연스럽게 다양성을 받아들이는 통로가 된다. 갈등의 지역서사를 단일

| 독일 의회 청사

한 민족서사로 만들기보다 그대로 인정하는 독일의 역사에서 독일이 가진 힘을 본다.

단일한 민족서사, 하나의 민족 정체성은 한·중·일 모든 나라에서 강조된다. 어느 나라나 민족의 정체성은 중요한 의미를 가진다. 그렇다면 단일한 민족서사가 없다는 것은 곧 허약한 분열을 의미하는 것일까? 독일은 단일한 민족서사에 얽매이지 않고 갈등의 지역서사를 그대로 남겨두는 쪽을 택했다. 그럼에도 오늘날 유럽을 이끌며 유럽이라는 공통의 기억을 계속해서 함께 만들어간다. 갈등과 다름의 역사를 강제적으로 통합하기보다, 있는 그대로 인정하려는 노력은 동아시아에도 시사하는 바가 크다. 어쩌면 단일한 민족서사에 대한 강조보다 갈등의 상태를 그대로 인정하는 지역서사가 더 풍요로운 복합을 만들어내지는 않을까? 동아시아에도 동북공정과 같은 한중 역사분쟁, 중일 간 댜오위다오(센카쿠) 영토분쟁을 넘어 '아시아 공동의 기억을 만들려는 노력'이 협력적으로 이루어질 날이 올까? 너무도 요원해 보이는 동아시아의 미래 앞에서 이 모든 시간을 지나 유럽통합과 평화를 이루어낸 독일이 내 눈엔 그저 신기해 보일 따름이다.

절대악과 절대선의 구별 없는 대연정

독일에서는 다른 정치적 이념을 가진 정당 간의 연정이 이상한 일이 아니다. 그러나 서로 다른 이념을 가진 한국의 정당에게 있어 '함께한다'는 것은 금지된 선을 넘는 것 같은 의미가 있다. 스스로가 절대선이 되면 상대는 언제나 절대악이 된다. 이렇게 내가 하는 것만이 온전하게 옳은 절대선이라는 생각 안에서는 나와 다른 누군가와의 협력은 멀고 먼 일이다. 양당 정치체제에서는 이분법적 구별이 더 강해진다. 그러나 다당 정치체제를 가진 독일은 서로 다른 이념을 가진 정당 간에도 대연정이라는 연합구조를 통해 함께 합의하는 데 익숙하다. 나와 너를 가르는 정치문화라기보다는 서로에게 도움이 되는 방향으로, 가능하면 '다름'을 안고 협의하며 타협해가는 문화인 것이다.

이런 정치문화 속에서 독일은 유럽 최강의 경제력을 갖출 수 있었다. 서로 정당은 달랐지만, 그들은 독일의 미래가 지금보다 나아져야 한다는 생각에 합의할 수 있었다. 그 방법을 함께 찾기 위해서 노력하는 전 과정이 바로 비스마르크가 보여준 '미래에 대한 대비'이다. 독일은 3차 산업혁명에서도 자동차를 중심으로 한 제조업을 이끌었고, 4차 산업혁명 역시 가장 빠르게 정부 보고서를 발간하는 등 변화하는 산업체계에 대응하고 있다. 시대를 앞서 준비하고 정책을 입안하는 일에 정당 간 이념의 차이가 절대적인 문제가 되지 않는 것이다. 이러한 국내 정치문화 속에서 성장한 독일은 유럽 전체의 리더로 설 수 있었다. 그런데 어떻게 유럽은 양차대전을 일으킨 독일을 받아들이고 유럽통합을 만들어낼 수 있었을까? 100년전쟁을 겪으며 서로 죽고 죽이는 치열한 전쟁을 겪고도 통합을 만든 유럽의 역사는 아시아와 무엇이 다른 것일까?

독일에서 본 동아시아의 미래와 한반도의 희망

사실 동아시아는 안보·경제·역사 분야에서 모두 유럽과 같은 통합의 조건을 갖추지 못한 상태다. 첫째, 빈체제Winer System(나폴레옹 전쟁 전후처리를 위해 열린 빈 회의[1814~1815]를 통해 이루어진 유럽의 국가 간 협력체제)로부터 시작되는 유럽의 집단안보체제와 같은 경험이 없다. 둘째,

EU와 같은 경제공동체의 경험이 없다. 셋째, 독일과 같은 역사화해가 동아시아 국가 간에 아직 이루어지지 않았다. 통합을 이룰 수 있는 외부조건조차 갖추어지지 않은 것이다. 통합을 이루기 위해서는, 독일이 성장한 힘을 참고할 필요가 있다.

앞서 정리한 독일이 성장한 힘을 세 가지로 다시 정리하면 다음과 같다. 첫째, 독일은 고통의 역사를 공개하려고 노력했다. 둘째, 독일은 강력한 중앙집권제를 형성한 나라가 강조하는 하나의 단일한 민족서사보다 느슨한 연합체로서의 다양한 지역서사를 인정한다. 셋째, 독일은 절대선과 악의 구별이 아닌 대연정의 정치문화로 유럽 최강의 경제력과 미래를 대비한 정책을 결정할 수 있었다.

한국·중국·일본 등 동아시아는 독일이 성장한 힘을 갖추고 있을까? 물론 동아시아 3국의 경제력은 독일에 뒤지지 않는다. 경제력은 국제정치에서 매우 중요한 위치를 가진다. 하드파워 없이 영향력이 생길 수 없기 때문이다. 그러나 높은 경제수준을 가지고 있음에도 고통의 역사를 공개하려는 노력은 세 나라 모두 하지 않고 있다.

유럽과 비교해서 동아시아를 보면 아시아 공동체를 만드는 일은 너무도 요원해 보이지만 전혀 다른 시각에서 긍정적으로 그 가능성을 예측하는 학자가 있다. 역사학자 이병한은 유럽처럼 국가를 기본단위로 통합하는 공동체가 동아시아에는 존재하지 않는다는 사실이야말로 "새로운 상상력의 근원"이라 말한다. 지방local과 지역 region, 주민과 시민 위주의 접근으로 우회할 수 있는 '전환 시대의 논리'가 이미 구비되어 있다는 것이다. 유럽에서 빌려온 국가 간 체

| 한국, 동서양의 복합적 DNA를 가진 나라

제inter-state system라는 낡은 외투를 벗어 던지고, 동아시아의 장소
성에 부합하는 뼈대를 다시 세워간다면 EU와는 또 다른 차원에서
아시아 공동체를 만들어갈 수 있다는 것이 그의 주요 생각이다. 그
렇다면 이 과정에서 한반도는 어떤 역할을 할 수 있을까? 더 나은 한
반도의 미래, 그 희망은 어디서 찾을 수 있는가?

한국이 가야 하는 더 나은 미래는 기존 세계의 역사가 가진 공산
주의와 자본주의, 민족주의와 탈민족주의, 근대화와 탈근대화 등의
사상적 이분법과 그 우월함의 구분으로부터 벗어나 다양성의 새로
운 패러다임을 만들고 창조하는 것이다. 지난 세기까지 세계사 안에
서 보여준 수많은 사상적 이분법의 구분에서 탈피하는 새로운 실험

의 장이 대한민국이어야 한다. 세계의 문명은 서양 단독의 우월한 과학기술만으로, 동양의 우월한 정신문명만으로 이룩되지 않았다. 세계는 동서양의 수많은 교차점 안에서 상호 영향을 받으며 이룩되어왔다. 이제 우리는 어느 시대, 어떤 단일 사상만이 우월하다고 말할 수 없는 세계를 경험하고 있다. 한국은 19세기 이전까지는 중화 문명의 영향을, 20세기는 서구 문명으로 대표되는 미국 문화를 직접 경험한 동서양의 복합적 DNA를 가진 나라다. 나는 한국이 가진 이 이질적인 두 문명의 교합이 어느 한쪽의 단일 가치만이 우월하다는 흑백논리를 벗어나, 양극단을 배제한 집기양단執其兩端의 중용 모델을 만들 토양이 될 수 있다고 생각한다.

대한민국의 미래는 공산주의와 자본주의 이념의 대립인 남북을 통합의 역사로 바꾸는 힘에서, 민족주의와 탈민족주의의 양극단이 아닌 열린 민족주의의 개념 안에서, 서구와 비서구 간의 근대성 논쟁에서 벗어난 창조적 발전 패러다임 안에서 구축할 수 있다. 이분화된 틀 안에서 하나를 선택해야 하는 순간, 갈등과 대립은 필연적이다. 자민족 중심주의 같은 단일 가치의 우월성이 아니라 다양성을 향해 가는 길, 한반도의 희망과 아시아 평화는 그 생각의 전환에서 시작될 것이다.

“역사에 종지부는 없다
나치의 만행을 기억해야
하는 것은 독일인의
영원한 책임이다**”**

— 앙겔라 메르켈

폴란드와 발트 3국

약소국의 비애와
평화의 노래

01

크라쿠프 중앙광장에서
폴란드 독립투쟁의
역사를 보다

폴란드에 대해
우리가 잘못 알고 있는 것들

폴란드, 하면 무엇이 떠오를까? 아마도 애국 작곡가로 알려진 쇼팽 정도가 아닐까? 그런데 폴란드는 지동설을 주장한 천문학자 코페르니쿠스, 라듐을 발견하고 노벨상을 두 차례 받은 퀴리 부인, 교황 요한 바오로 2세Pope John Paul II를 배출한 나라다. 그리고 동유럽 민주화운동의 한 축을 담당한 자유노조 출신 레흐 바웬사Lech Walesa가 집권한 나라이기도 하다. 나의 경우 폴란드, 하면 떠오르는 것은 "망명정부의 지폐"다. 김광균 시인은 〈추일서정秋日抒情〉에서 "낙엽은 폴란드 망명정부의 지폐/ 포화에 이즈러진/ 도룬 시를 생각게 한다"라고 표현했다. 폴란드는 우리처럼 비극적 역사를 안고 사는 나라다. 세 차례에 걸친 분열로 무려 123년 동안이나 나라 없는 긴 세월을 겪어야 했다. 그 기간 김광균의 시에서 보이는 것처럼 허약한

▎폴란드 출신 대표적인 인물인 니콜라우스 코페르니쿠스(왼쪽)와 마리 퀴리

망명정부의 세월을 인내했다. 중국과 일본 사이에 있는 우리의 과거는 독일(프로이센), 오스트리아, 러시아 사이에서 굴욕의 순간을 함께 간직한 폴란드 역사와 닮아 있다. 강대국에 둘러싸여 많은 외세의 침략과 지배를 받은 것도, 그럼에도 불구하고 폴란드 대평원의 풀잎처럼 꿋꿋하게 고유의 문화를 지켜온 것도 비슷하다. 제2차 세계대전 이후 독일과 러시아 등 강대국에 대한 감정이 좋지 않은 것도 일제강점기를 보낸 우리 민족의 상황과 거의 같다고 할 수 있다.

　폴란드 문화와 우리 문화 간에도 비슷한 점이 있을까? 있다! 교육열이 매우 높다는 것, 그리고 노인을 공경한다는 것이 공통된 문화현상이다. 그런데 폴란드 역사를 이렇게 강대국에 점령당한 비극의 역사로만 바라보는 것은 폴란드에 대한 잘못된 인식의 극치일 것이다. 대부분 이렇게 생각하는 이유는 18세기 이후의 폴란드 역사만을 인식하고 있기 때문이다.

18세기 폴란드 영토는 러시아·프로이센·오스트리아 등 3국에 분할되어 넘어갔다. 19세기에는 분할된 영토를 회복하기 위해 끊임없이 투쟁하지만, 러시아 10월혁명의 소생인 소비에트 정권이 수립되면서 1918년에 폴란드 공화국으로 독립된다. 하지만 독립의 기쁨도 잠시, 제2차 세계대전이 발발하며 1939년에 독일군과 소련군의 침략을 받는다. 이 전쟁으로 국민의 6분의 1이 사망하고 주요 도시가 파괴되는 엄청난 피해를 입었으며, 전후에는 사회주의 국가인 소련의 위성국(강대국의 주변에 위치하여 정치적·경제적·군사적으로 지배 또는 영향을 받는 나라)이 된다. 그 후 사회주의 체제를 유지해온 폴란드는 1980년 레흐 바웬사가 이끄는 자유노조가 출범하고 노동자의 끊임없는 민주화 투쟁이 이어지면서 마침내 1989년 민주화에 성공하고 사회주의 체제를 끝낸다. 그리고 동유럽 집단안보체제인 바르샤바조약기구에서 탈퇴하고, 2004년 5월 놀랍게도 EU에 가입한다. 이것이 폴란드 근현대사의 개괄이다.

이와 같은 이유로 대부분의 사람들은 폴란드를 '강제분할'이라는 비극의 역사로만 기억한다. 그러나 폴란드 전체의 역사에서 분할과 침략의 역사는 일부이지 전부가 아니다. 16세기 폴란드를 보자. 당시 폴란드는 유럽의 강국으로 최전성기를 누렸다.

이 시기 폴란드 세력은 실로 막강했으며 내정은 평화로웠다. 경제가 발전하고 눈부신 번영을 구가했다. 학문, 예술, 문화도 대대적으로 발전했다. 당시 폴란드는 유럽에서 러시아 다음으로 영토가 컸으며 가장 강성한 국가 중 하나였다. 16세기, 야기에우워 왕조의 마지막 두 왕인 지그무트 스타리와 지그문트 아우구스트가 다스리던 시대를 폴란드 황금기라 부른다. 당시 폴란드는 모스크바를 점령할 정도로 막강한 나라였다.

폴란드 강성기 러시아의 대응은 어떠했을까? 러시아의 상징 붉은 광장에 유일하게 서 있는 두 사람의 동상을 보면 그 진상이 보인다. 절체절명에 선 러시아는 평범한 두 영웅, 쿠지마 미닌과 드미트리 포자르스키의 값진 노력으로 간신히 폴란드의 침략을 물리치게 된다. '폴란드로부터 민족을 구한 영웅'이라는 그들에 대한 수식어가 말해주듯 러시아에게 폴란드는 매우 위협적인 존재였다. 16세기 유럽에서 폴란드를 위협할 수 있는 세력은 많지 않았다. 발트해로 나가는 출구를 가진 폴란드는 서유럽 전체와 무역거래를 했다. 광대한 대농장에서 경작된 밀과 다른 농작물이 비스와강을 통해 그단스크로 운송되었고 다시 서유럽으로 수출되었다. 활발한 무역으로 폴란드 도시들은 부유해졌고 수공업도 번창했다. 그 당시 크라쿠프 대학(현 야기엘론스키 대학)은 세계적으로 유명했다. 유명한 학자들은 대거 폴란드에서 활약했다. 인류의 역사를 뒤바꾼 지동설의 주인공 코페르니쿠스도 그중 한 사람이다.

그러니까 폴란드에는 우리가 막연히 아는 것처럼 비극의 역사만 있는 것이 아니다. 폴란드의 역사는 영광과 비극의 양날개 안에서 폭넓게 이해해야 한다. 그래야 폴란드인이 러시아에 대해 가지는 감정도 이해가 된다. 나는 한국에서 박사학위를 받은 폴란드인 아그네스 교수와 그 제자들을 통해 대다수 폴란드 사람들이 러시아 문화보다 자국 문화를 더 우월하다고 생각한다는 사실을 알 수 있었다. 러시아를 위협할 정도로 강성했던 폴란드의 역사를 이해하면 현재 폴란드인들의 러시아에 대한 감정이 이해가 된다. 이제 나는 이 나라의 영광과 비극을 모두 간직한 폴란드 제2의 도시, 크라쿠프로 향한다.

크라쿠프! 폴란드 중부에 있는 이 고풍스러운 도시는 유네스코 세계문화유산에 등록되었다. 이 도시는 1138년 수도로 지정된 후 바르샤바 천도 때까지 558년간 폴란드의 수도였다. 폴란드가 가장 강성했던 16세기를 보았고, 그 후 약화된 폴란드도 지켜보았다. 크라쿠프는 제2차 세계대전이라는 엄청난 전쟁의 포화 속에서도 살아남았다. 그 당시 폭격을 맞지 않은 탓에 중세 도심의 모습을 그대로 간직할 수 있었던 것이다. 이 광장 중앙에는 내가 만나고 싶었던 폴란드 국민문학가이자, 폴란드 독립운동의 정신적 지주인 아담 미츠키에비치의 동상이 마치 자신의 역사적 소명을 다한 시인다운 모습으로 광장 한가운데를 지키고 있다. 광장 한가운데에 서 있는 그를 보며 123년을 치열하게 투쟁해온 폴란드의 독립투쟁 역사를 그려본다.

폴란드, 크라쿠프 광장 전경

세 강대국에 의한
강제분할의 비극

폴란드의 현대사는 비극이다. 우리도 일본의 강제침략에 35년간 주권 없이 독립을 위해 투쟁한 역사가 있지만, 폴란드는 무려 123년(1795~1918)간 다른 나라의 일부이거나 이름 없는 땅이었다. 더 큰 비극은 그 땅마저도 세 나라(러시아·독일·오스트리아)에 의해 분할되었던 것이다. 제1차 세계대전 후 외부의 강제력에 의해 독립을 이뤘지만 100년 이상 다른 나라의 통치를 받은 지역들은 화폐, 교육수준, 경제발전 수준이 모두 달랐다. 독립 이후 통합은 어려웠고, 국경선을 둘러싼 크고 작은 전쟁은 끝나지 않았다. 독립을 이룬 뒤 단합하여 발전을 위해 달려가도 모자란 시간에 또다시 제2차 세계대전이 일어났다. 폴란드는 완전히 초토화된다. 심지어 그 전쟁은 폴란드가 일으킨 것도 아니었다. 주변국의 침략과 전쟁에 폴란드 땅은 철저하게 유린당했다. 러시아와 독일 사이에서 폴란드의 운명은 서리 맞은 낙엽처럼 가혹했다. 일본과 중국, 미국 사이에 있는 한반도의 운명만큼이나 가혹한 역사가 아닌가!

폴란드 분할의 원인은 무엇일까? 그것은 근본적으로 인간의 소유욕일 것이다. 영토에 대한 러시아, 프로이센, 오스트리아 군주의 소유욕은 결국 폴란드 영토를 3등분하고 말았다. 많은 부분에서 존경받는 프로이센의 프리드리히 대왕조차도 영토에 대한 야욕이 결코 적지 않았다. 인간의 소유욕은 본능인 걸까. 러시아의 예카테리나 2세, 프로이센 프리드리히 대왕, 그리고 오스트리아의 마리아 테레지아!

1772년, 세 강대국은 약소국 폴란드를 분할한다는 조약에 서명한다. 러시아는 폴란드 동쪽 지역을, 프로이센은 대폴란드 북부 지역을, 오스트리아는 폴란드 남쪽 지역을 획득했다. 침략자 3국은 폴란드 의회에서 분할조약이 가결되는 동안 러시아 군대를 동원해 감시했다. 타데우시 레이탄Tadeusz Rejtan이 이끄는 애국 의원들이 저항했으나 강대국의 힘을 막을 수는 없었다. 이제 모든 폴란드인은 외국 지배자에게 충성을 맹세하도록 강요당했다. 이것이 1772년 폴란드 1차 분할이다. 폴란드는 이 조약으로 인해 국토와 인구를 3분의 1가량 상실했다.

1차 분할은 폴란드 민족에게 커다란 충격이자 상처였을 것이다. 폴란드 의회는 무너져가는 조국을 구하기 위해서는 강력한 정부와 군대, 개혁된 새로운 법률과 교육이 필요하다는 것을 그제야 깨달았다. 1773년, 폴란드 의회는 민족교육위원회를 창설하고 폴란드 내 모든 학교에 대한 전권을 위임했다. 이 민족교육위원회는 유럽에서 최초로 만들어진, 현재 교육부의 모태다. 민족교육위원회의 활동으로 당시 폴란드에는 많은 학교가 세워졌다. 이들 학교는 폴란드어로 교육하며 새롭고 실용적인 과목을 중점적으로 가르쳤다. 가장 우수한 학생들은 폴란드 최고 명문인 크라쿠프 대학이나 빌뉴스 대학에서 학업을 이어갔다. 같은 시기, 바르샤바에는 현재 사관학교에 해당하는 기사학교를 세워 젊은 장교를 양성했다. 바르샤바의 사관

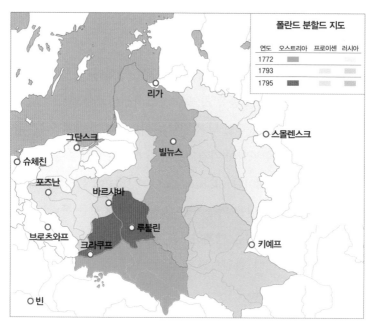

│ 러시아·프로이센·오스트리아가 분할한 폴란드

학교는 훗날 폴란드의 미래를 짊어지고 나갈 젊은 장교들을 양성했
다. 그중에서도 가장 유명한 인물은 훗날 폴란드의 위대한 애국자이
자 폴란드 독립운동의 선봉에 섰던 타데우시 코시치우슈코Tadeusz
Kosciuszko 장군이다.

1772년 단행된 1차 3국분할 이후 10여 년 동안 폴란드에서는
민족부흥운동이 활발하게 전개된다. 폴란드의 국력을 강화하고 발
전을 보장하는 새로운 법률을 제정하라는 요구가 커져, 1788년 마
침내 바르샤바에서 4년 의회가 소집된다. 이 의회에서는 무너져가

는 나라를 재건하기 위한 수많은 개혁법안이 통과되었다. 시민계층이 정부 부서에서 근무할 수 있도록 하고, 그들이 의회 의원을 선출하는 것을 허용하며 폴란드 군대 병력을 10만 명으로 늘리는 법안이 가결되었다. 그중에서도 4년 의회가 만든 가장 중요한 법안은 1791년 5월 3일에 제정한 헌법이다. 전 세계에서 두 번째로 제정된 성문헌법인 이 '5·3헌법'은 정부가 농민계층을 보호한다고 선언했다. 이 헌법이 제정되면서 많은 폴란드 사람들은 미래에 대한 희망을 품게 되었다.

그러나 개혁의 움직임을 불만스럽게 생각한 보수파에 의해 개혁 시도는 결국 실패하고 만다. 조선 말기 임오군란을 진압하기 위해 청나라와 일본이 개입했던 상황과 마찬가지로, 폴란드에서도 의회개혁에 반대하고 러시아 예카테리나 여제를 맹목적으로 따르던 사람들이 동맹을 맺었다. 1792년, 5·3헌법 폐지를 목적으로 타르고비차Targowica(현재 우크라이나)에서 맺은 동맹이라 하여, 이를 '타르고비차 동맹'이라고 한다. 이 동맹을 주도한 무리는 예카테리나 여제에게 원조를 요청했고, 이를 빌미로 러시아 군대가 폴란드로 진격해 들어오게 된 것이다. 현재 폴란드에서는 우리의 을사5적처럼 타르고비차 동맹의 주도세력에 대한 국민적 분노가 크다. 이렇게 해서 폴란드와 러시아 간 전쟁이 발발하고, 이는 폴란드의 2차 분할로 이어졌다.

1793년 1월 23일에 실시된 제2차 폴란드 분할에 따라 러시아는 리투아니아의 벨라루스 지방과 서부 우크라이나 지방을 얻었으며,

프로이센은 그단스크·토룬·포즈난의 일부 지방을 얻었다. 이 당시 오스트리아는 프랑스 혁명 때문에 불참했다. 그 후 폴란드의 애국자 타데우시 코시치우슈코 등이 저항운동을 했지만 모두 실패했고, 저항운동이 실패한 후에는 어김없이 분할되었다. 러시아·프로이센·오스트리아의 제3차 폴란드 분할로, 1795년 러시아는 쿠를란트와 리만강 동부 리투아니아 영토를 얻었으며, 프로이센은 바르샤바를 포함한 마조프셰 전역과 리만강 서부 리투아니아 영토를, 오스트리아는 크라쿠프와 소폴란드 지방 전역을 합병했다. 이로써 폴란드는 러시아·프로이센·오스트리아 3국에 의해 영토가 완전히 쪼개지면서 지도상에서 사라지고 만다.

같은 민족끼리 총을 겨눈 비극의 서사

드디어 폴란드 독립의 기회가 왔다. 1914년 여름, 제1차 세계대전이 터진 것이다. 왜 그런가? 마치 중국과 일본의 전쟁에서 중국이 승리하면 우리가 독립을 얻을 수 있던 상황과 비슷한 것이었다. 그러나 제1차 세계대전은 폴란드인들에게 또 다른 아픔을 가져다주었다. 우리 독립운동가들이 조국의 독립을 위해 중국의 마오쩌둥, 장제스 편에 서거나, 소련 공산당에 가입해서 싸운 것처럼 폴란드인들 또한 타력에 의한 독립을 기대하고 싸웠다. 그런데 점령국 세 나라 군대에 의해 강제징집된 많은 폴란드인들은 같은 민족임에도 불구하고 서로 적대국의 군인이 되어 총을 겨누어야 했다. 이 얼마나 아이러니한 침략전쟁의 비극인가!

유럽에서 폴란드만큼 전쟁으로 많은 것이 파괴된 나라도 없을 것이다. 전쟁 발발 후 폴란드 독립운동가들은 오스트리아 정부로부터 독립을 보장받고 폴란드 군대 창설에 대한 동의를 얻어냈다. 오스트리아 편에서 싸우던 폴란드군은 용맹을 떨쳤다. 하지만 독일과 오스트리아가 러시아령 폴란드 지역을 장악한 후에도 폴란드 독립을 위한 어떤 조치도 취하지 않자 폴란드 군단은 오스트리아에 대한 충성맹세 서약을 거부했다. 그러자 오스트리아는 폴란드 군단을 해체하고 폴란드 유제프 피우수트스키 장군을 독일로 압송해 감옥에 가둔다. 하지만 전쟁 초기 유제프 피우수트스키 장군이 결성한 비밀 군사조직은 젊은이들을 훈련시키며 때가 왔을 때 무장봉기를 일으킬 수 있도록 만반의 준비를 갖춘다.

폴란드 독립 문제에 대해 미국이 구체적으로 관심을 보이기 시작한 것은 제1차 세계대전이 발발하고 3년이 지났을 때다. 제1차 세계대전은 전 세계를 상대로 식민지 경쟁을 벌이던 유럽 제국주의 국가 간 싸움에서 비롯된 전쟁이었다. 영국·프랑스·러시아 등 연합국과 독일·오스트리아의 동맹국이 양 진영의 중심이 되어 싸웠다. 19세기 말 프랑스를 견제하던 독일이 오스트리아·이탈리아와 손잡고 (삼국동맹), 독일을 견제하던 프랑스가 영국·러시아와 동맹을 맺으면서 (삼국협상) 유럽 대륙이 거미줄처럼 얽히고설키게 된 것이다.

| 폴란드의 독립영웅 유제프
피우수트스키

전쟁이 3년 차에 접어들 무렵, 미국은 공식적으로 참전을 한다. 미국은 그동안 유럽 제국주의 국가 간 싸움에는 개입하지 않는다는 중립 원칙을 표방하고 있었다. 미국은 한창 전쟁 중이던 영국, 프랑스 등 유럽 주요 산업국가들을 대신해 각종 물자를 생산하며 눈부신 경제성장을 일구고 있었기 때문에 전쟁에 개입할 필요를 못 느끼고 있었다. 그러나 영국과 프랑스 등의 연합국이 불리해지는 상황에서, 1917년 러시아에서 사회주의 혁명(2월혁명)이 일어나고, 항해 중이던 미국 선박이 독일의 잠수함 작전으로 공격을 당하자, 1917년 4월 마침내 참전을 결정하게 된다. 러시아의 레닌이 10월혁명까지 성공시키고 공산국가를 수립하자, 미국을 포함한 연합군은 긴장할 수밖에 없었다. 러시아 내에서는 '자본주의 국가들이 벌이는 제국주의 전쟁에서 빠져야 한다'는 목소리가 컸고, 실제 러시아와 독일이 서로 침략하지 않는다는 강화조약을 맺으려는 움직임이 있었다. 여기에 레닌이 '우리는 약소민족을 지원하겠다'는 발표를 하면서 세계 곳곳에 사회주의가 확대되는 분위기가 커졌다.

1918년 1월, 당시 미국 대통령이었던 우드로 윌슨은 러시아의 움직임을 견제하고 미국의 국익을 도모하고자 민족자결주의로 대표되는 '14개 평화원칙'을 발표한다. 윌슨의 '14개 평화원칙'은 제1조부터 철저하게 '비밀외교'를 비판하고 공개적인 국제협약 체결을 강조한다. 러시아와 독일이 비밀리에 접촉해 강화조약을 맺으려는 것을 비판하기 위한 목적이 컸다. 우리에게 익숙한 것은 1919년 3·1운동이 영향을 받았다는 부분으로 "각 민족은 정치적 운명을 스스로 결정할 권리가 있으며, 다른 민족의 간섭을 받을 수 없다"는 민족자결주의의 뜻을 담아낸 조항이다.

물론 윌슨의 주장이 러시아·독일 간 강화조약 체결(1918년 3월)을 막아내지는 못했지만, 이상적인 평화를 위한 원칙으로 연합국 사이에서 윌슨은 대대적인 환영을 받았다. 이는 곧 연합국의 전쟁을 정당화할 수 있는 근거가 되기도 했기 때문이다. 경제장벽의 제거와 평등한 무역, 불필요한 군비 축소, 식민지 문제의 공정한 조정, 국제평화를 위한 연합체(훗날 국제연맹) 구성 등 모든 민족과 국가에 '정의'가 실현돼야 한다는 주장은 전 세계 약소국의 희망이 되기도 했다.

이러한 맥락에서 윌슨은 폴란드가 독립해야 한다고 밝혔다. 하지만 프랑스와 영국은 제1차 세계대전 당시, 러시아와 연합을 맺고 있던 상태였기 때문에 폴란드 독립에 대해 특별한 의사 표시를 하지 않았다. 그러나 역사는 폴란드 편이었다. 러시아에서 볼셰비키 혁명이 발발한 것이었다. 레닌은 러시아의 혁명을 '제국주의에 대한 대항'으로 인식했기 때문에 제1차 세계대전을 '제국주의 국가(영국, 프랑스 등)의 약소국에 대한 식민지 사수 전쟁'이라 인식하고 제1차 세계대전에 더 이상 개입하지 않겠다고 선언한다.

러시아가 제1차 세계대전에 참전한 것은 제정 러시아의 마지막 왕조 니콜라이 2세 시대였다. 제정 러시아를 무너뜨린 볼셰비키 정부는 마침내 1918년 8월, 러시아가 독일 및 오스트리아와 맺은 폴란드 분할 조약을 무효화한다고 발표하여 폴란드의 독립을 선언했다. 이때 볼셰비키 정부는 중국에게 빼앗았던 현 헤이룽장성(흑룡강성) 일부도 돌려주는데, 이와 같은 이유로 중국의 국민당 당수였던 쑨원(손문)은 사회주의에 대한 우호적인 시각을 갖게 된다. 폴란드와 중국의 영토를 조건 없이 돌려주고, 제국주의에 대항하여 투쟁하는 약소국의 독립운동에 거액의 자금을 지원하는 러시아의 혁명정신인 '사회주의'가 당시 식민지배에 신음하고 있던 한국의 지성인들에게도 매우 매력적으로 다가왔음은 자명하다.

1918년 11월 7일 폴란드 임시정부가 수립되었다. 그로부터 3일 후, 독일로 잡혀갔던 유제프 피우수트스키가 바르샤바로 돌아왔다. 고국에 도착한 즉시 그는 총통으로 선출되었다. 바르샤바 거리에서 폴란드 군사조직원들과 젊은이들은 독일 군인들을 무장해제시켰다. 1918년 11월 11일은 폴란드가 러시아·독일·오스트리아에 의해 강제적으로 3분할된 지 123년 만에 맞이한 독립의 날이다. 8·15 해방을 맞은 우리 민족의 기쁨보다 몇 배 더 큰 기쁨의 물결이 폴란드 전역에 넘쳐흘렀을 것이다. 그러나 폴란드 비극의 역사는 애석하게도 여기서 끝나지 않는다.

전쟁으로 황폐해진 폴란드를 복구하는 일은 쉽지 않았다. 나라는

빈곤 상태에 빠지고 생필품이 턱없이 부족했다. 독립한 폴란드 경제
는 심각한 지역 불균형이라는 문제를 안고 있었다. 러시아·오스트
리아·독일에 의해 분할된 세 지역이 각기 다른 점령국 체제하에서
100년이 넘는 시절을 보냈기 때문이다. 분할된 세 지역은 각각 서로
다른 법률을 적용하고 각기 다른 화폐를 사용했다.

제2차 세계대전과
망명정부의 운명

안타깝게도 폴란드의 독립은 오래가지 못했다. 독립한 지 21년 후
인 1939년, 제2차 세계대전이 발발하면서 히틀러의 침공을 받은 것
이다. 제1차 세계대전 이후 독일에서는 국가사회주의라 불리는 나
치즘이 등장했다. 독일 민족은 세계에서 가장 우월한 민족이며 다
른 민족을 지배하기 위해 태어났다고 외치는 지도자가 나왔다. 독일
은 제1차 세계대전 패전 후 거대한 절망과 엄청난 배상금의 압박 속
에 있었다. 이러한 상황에서 게르만족의 우월함을 외치는 히틀러의
구호가 널리 확산되었다. 폴란드는 경제 상황을 개선시켜가는 중이
었지만 그것이 곧 안전을 보장하는 것은 아니었다. 급속히 중무장을
하던 독일은 폴란드에 가장 큰 위협이 되었다. 1939년 3월 오스트
리아를 장악한 독일 군대는 같은 해 10월 체코슬로바키아도 점령했
다. 히틀러는 체코슬로바키아를 굴복시킨 후, 폴란드에 항구도시인

그단스크를 합병할 것과, 포모제 지역을 관통해 독일과 동프로이센을 연결하는 도로 건설에 동의할 것을 요구했다. 하지만 폴란드는 독일의 요구를 거부했다. 독일 군대와 싸우더라도 프랑스와 영국이 도와줄 거라고 믿었기 때문이다.

그러나 1939년 8월에 독일은 이미 소련과 '리벤트로프-몰로토프 조약'이라 불리는 상호불가침 비밀조약을 맺고, 다음 달 폴란드 침공을 준비하고 있었다. 1939년 9월 1일 새벽, 마침내 독일군이 서·남·북 삼면에서 동시에 폴란드를 공격했다. 제2차 세계대전의 시작이었다. 폴란드 방어망은 전쟁 발발 며칠 만에 무너졌다. 후퇴와 후퇴의 연속이었다. 독일 공군은 폴란드 군대뿐 아니라 피난 가는 난민과 시민들에게까지 폭격을 가했다. 엎친 데 덮친 격으로 9월 17일에는 동쪽으로부터 아무런 선전포고도 없이 소련의 붉은 군대가 폴란드로 쳐들어왔다. 사방에서 공격받게 된 폴란드 군대는 붉은 군대와 전투를 치를 여력이 없었다. 폴란드 정부는 루마니아 국경을 넘어 망명길에 나섰고, 수도 바르샤바는 소련의 공격 후 10일간 외로이 저항했다. 사전에 맺은 조약에도 불구하고 서구 연합군은 폴란드를 도와주러 오지 않았다.

1939년 9월 폴란드군은 엄청난 손실을 보았다. 약 65만 명이 전사하고 13만 명이 부상을 입었으며 40만 명이 독일군 포로로, 20만 명이 소련군 포로로 잡혔다. 폴란드를 점령한 독일과 소련은 영토를 분할했다. 나르바강과 부그강 사이에 경계가 그어졌다. 독일은 비엘코폴스카, 포모줴, 실롱스크 지역을 곧바로 본국에 병합했다. 나머지 지역은 크라쿠프를 수도로 하는 총독부령으로 만든 뒤, 가혹한 점령통치를 시행했다. 나치 독일은 폴란드에 집단수용소를 세우고 폴란드와, 점령한 다른 나라로부터 수백만 명의 사람들을 강제로 끌고와 가두었다. 이렇게 끌려온 사람들은 비인간적 환경 속에서 강제노동에 동원되고 집단으로 살해되었다. 이런 집단수용소 중 가장 규모가 큰 것이 바로 아우슈비츠로 널리 알려진 오시비엥침Oświęcim에 세워진 수용소다.

폴란드는 계속해서 싸웠다. 프랑스에서 브와디스와프 시코르스키 장군을 지도자로 하는 폴란드 망명정부를 만들고, 계속해서 연합군과 함께 독일에 대항해서 싸움을 이어나갔다. 그런데 1941년 6월, 독일이 불가침조약을 깨고 소련을 공격하기 시작했다. 이렇게 되자 지금까지 폴란드의 적이었던 소련은 폴란드의 동맹국이 된다. 시코르스키 장군은 모스크바로 날아가 스탈린과 협정을 맺는다. 소련 정부군에 의해 투옥되거나 강제이주당한 폴란드인들로 구성된 군대를 소련 영토 내에 창설하기로 합의한 것이다.

1943년 봄, 독일은 아직 바르샤바 게토 지역에 남아 있던 유대인들을 몰살하려고 작정했다. 하지만 유대인들은 무기를 들고 일어나 최후까지 싸웠다. 이 싸움에 많은 폴란드인이 합세했다. 1942~1943년 붉은 군대는 스탈린그라드 전투에서 독일군을 상대로 대승을 거두었다. 전쟁의 승기는 소련으로 기우는 것 같았다. 런던에 있던 폴란드 망명정부는 머지않아 붉은 군대가 폴란드로 진군해오면 폴란드 동쪽 국경선도 인정해주리라 믿었다. 그러나 소련은 폴란드의 기

┃ 제2차 세계대전 당시 독일이 폴란드에 세운 아우슈비츠 집단수용소

대와 전혀 다른 방향으로 갔다. 동부 국경선을 둘러싸고 소련과 폴란드의 관계가 악화되기 시작했다. 그러던 1943년 봄, 독일은 엄청난 소식을 발표한다. 전쟁 중에 소련이 사살한 폴란드 군인·경찰·지식인·성직자 등의 시신이 폴란드 카틴 숲에서 발견됐다는 것이었다. 전후 동유럽 전체를 공산화할 계획이던 스탈린이 장차 소련의 적이 될 폴란드의 주요 인물들을 대량학살한 것이었다. 폴란드 정부는 소련 정부에 해명을 요구했지만 소련 당국은 독일군 짓이라고 발뺌하며 폴란드와 외교관계를 단절한다. 하지만 공산주의가 붕괴한 후인 1992년, 러시아 옐친 대통령은 모스크바를 방문한 폴란드 바웬사 대통령에게 스탈린이 서명한 카틴 사살 승인 문서를 넘겨주며 이 사건은 사실로 확인된다. 폴란드의 분열과 투쟁의 역사는 길고 비참하다. 도대체 이 기나긴 투쟁을 가능하게 한 '민족'이라는 동력은 무엇일까? 폴란드인들은 긴 독립투쟁의 정신적 아버지로 문학가 아담 미츠키에비치Adam Michiewicz를 꼽는다.

폴란드의 윤동주,
아담 미츠키에비치

사람들은 왜 권력자보다 그 권력에 저항한 사람들을 더 존경하는 걸까? 특히 무력이 아니라 펜으로 시나 소설을 통해 저항한 그 나약해 보이는 문학인들을 왜 더 사랑하는 걸까? 우리 국민이 사랑하는 시인 윤동주처럼 말이다. 폴란드에도 민족의 사랑을 받는 시인이 있다. 그 시인은 지금 크라쿠프 중앙광장 한가운데 동상으로 서 있으면서 시민들의 사랑을 온몸으로 받고 있다. 그렇다면 시인 아담 미츠키에비치는 누구인가? 그는 어떤 길을 걸어왔기에 이토록 폴란드인들의 존경과 사랑을 받고 있는 것일까?

이제 그를 만나러 크라쿠프의 중앙광장으로 간다. 겨울 광장은 쓸쓸하지만 많은 관광객으로 붐비고 있다. 호박의 특산지 폴란드의 질 좋은 액세서리를 판매하는 기념품 가게를 지나, 광장 중앙에 서 있는 아담 미츠키에비치의 동상으로 다가간다. 그는 어떤 생애를 산 사람일까? 이 폴란드 시인이 걸어온 길을 잠시 따라가보자.

미츠키에비치는 '폴란드-리투아니아' 연방 시대가 지나가고, 러시아·독일·오스트리아에 의해 이미 3분할된 '이름 없는 땅'에서 태어났다. 폴란드인들에게 그는 영국의 윌리엄 셰익스피어 같은 존재다. 폴란드 학생들은 여전히 그의 시를 암송한다. 최근 들어서는 1999년 폴란드의 명감독 안제이 바이다가 미츠키에비치의 걸작 〈판 타데우시Pan Tadeusz〉를 영화로 만들어 극찬을 받기도 했다.

이 위대한 폴란드 시인의 대표작 〈판 타데우시〉는 한국어로도 번역되어 있다. 1834년에 발표된 〈판 타데우시〉는 잃어버린 조국에 대한 그리움과 사랑을 극적인 사건들과 에피소드를 적절하게 배치하여 감동적으로 묘사한 운문 형식의 작품이다. 폴란드의 거의 모든 가정에 〈판 타데우시〉가 있다고 한다. 폴란드어로 쓰인 이 독특한 작품은 첫 구절이 매우 인상적이다.

▌ 크라쿠프 중앙광장에 있는 폴란드 민족시인 아담 미츠키에비치 동상

▌ 쓸쓸한 크라쿠프 광장

리투아니아, 나의 조국이여, 너는 건강하구나.

너를 잃고 나서야 비로소 사람들은 너의 가치를 완전히 알게 되었구나.

폴란드의 가장 유명한 시인이 자신의 명작을 조국 리투아니아에 바치고 있다? 이 부분을 이해하기 위해서는 아담 미츠키에비치가 태어나기 전 폴란드와 리투아니아의 연방 시대와 강대국에 의해 분열된 폴란드 역사를 이해해야만 한다. 미치키에비치가 태어났을 때, 폴란드-리투아니아 연방은 1795년의 마지막 분할로 지도에서 사라진 후였다. 시인이 태어난 곳은 러시아 제국의 지배를 받고 있었다. 미츠키에비치는 리투아니아 빌뉴스 대학에서 공부했는데, 거기서 그는 폴란드-리투아니아 연방의 부흥을 목적으로 하는 비밀 학생조직에 관여하게 된다. 그 후 1819년부터 카우나스의 한 지방 학교에서 교사로 일하다가, 1823년 반정부 정치운동을 한 죄로 체포되어 러시아로 추방되었다. 그때 이미 빌뉴스에서 시집 두 권을 출판하여 슬라브어를 구사하는 대중의 호응을 받았다고 한다. 러시아에서 5년간 유배생활 후 여행 허가를 받은 미츠키에비치는 러시아 제국에 다시는 돌아가지 않기로 결심하고, 바이마르로 떠나 거기서 괴테를 만난다. 이후 이탈리아 로마에 정착하여 작품활동을 계속했다. 조국의 독립을 염원하는 그의 대표작인 〈판 타데우시〉는 로마에서 쓴 것이다.

폴란드 민족시인
아담 미츠키에비치의 국적논쟁

이제 다시, 아담 미츠키에비치가 쓴 〈판 타데우시〉의 첫 구절로 돌아가본다. 이 책에서 그는 "리투아니아, 나의 조국이여, 너는 건강하구나"라고 썼다. 그가 이렇게 쓸 수밖에 없던 이유는 그가 태어나기 전에 리투아니아와 폴란드는 한 나라였기 때문이다. 그의 아버지 미코와이 미츠키에비치는 폴란드-리투아니아 연방의 귀족이었다. 폴란드의 역사를 이해한다면 오늘날 리투아니아의 수도 빌뉴스에 아도마스 미츠케비치우스(아담 미츠키에비치의 리투아니아식 표기) 동상이 세워진 것이 이해가 될 것이다.

그런데 그의 동상은 리투아니아뿐만 아니라 현재의 벨라루스에서도 볼 수 있다. 아담 미츠키에비치의 고향이 노보그루데크(현재의 벨라루스 나바흐루다크) 근처이기 때문이다. 따라서 미츠키에비치의 동상은 현재 폴란드·벨라루스·리투아니아에서 모두 찾을 수 있다. 물론 3국 모두에서 그는 그 나라 사람으로 인식되고 있다. 그가 살았던 시대의 국가 경계와 지금의 국가 경계가 다르기 때문이다. 마치 윤동주를 한국·중국·일본 모두에서 자국 시인이라고 말하는 것을 떠오르게 한다. 중국인들은 윤동주를 '인똥주'로, 일본인들은 '히라누마 도주'로 부른다. 우리는 윤동주가 당연히 한국인이라고 생각하지만, 윤동주가 태어난 곳은 중국 용정으로 중국에서 그는 조선족 중국인 애국시인이다. 내가 이런 사실을 알게 된 것은 3년 전 5명의 한국 독립운동가를 만나러 간 만주 여행에서였다. 나는 이 여행에서 이회영, 김산, 윤동주, 안중근, 그리고 최초의 여성 공산주의자 김 알렉산드라 스탄케비치를 만났다. 윤동주의 국적 이야기를 알게 된 것은 일본 여행에서 알게 된 윤동주 기념동호회 회원들 덕분이었다.

그들은 교토 도시샤 대학에 윤동주 시비를 세우고 매년 그의 기일에 그의 시를 읊으며 윤동주를 기린다고 했다. 나는 이 이야기를 《평화무임승차자의 80일》(서해문집, 2016)이란 책으로 출판했고, 이 집필여행은 함께 여행한 임경희 감독이 〈난잎으로 칼을 얻다〉라는 제목의 다큐멘터리 영화로 만들어 DMZ국제다큐영화제에서 상영했다. 세 나라 모두가 자국민으로 인정하고 싶어 하는 위대한 문학가 아담 미츠키에비치는 윤동주와 닮은 구석이 많다.

그런데 아담 미츠키에비치의 국적이 폴란드인지, 리투아니아인지 아니면 벨라루스인지가 중요할까? 국적논쟁의 본질이 무엇인지 묻고 싶다. 현재의 국경을 기준으로 아담 미츠키에비치라는 인물의 소속을 따지는 것은 그가 살던 시대와 그의 생각과는 무관한 경계일 뿐이다. 우리가 봐야 할 것은 그 선의 경계를 넘어 지키고 싶은 아담 미츠키에비치의 삶을 통한 사상이다. 이제 질문은 아담 미츠키에비치는 어느 나라 사람인가가 아니라, 세 나라 국민 모두가 자국민으로 두고 싶어 하는 그의 삶은 어떠했는가? 그는 생에서 어떤 가치를 추구하며 살았기에 200여 년이 지난 지금까지도 국경선이 나누어진 세 나라에서 모두 존경받고 있는가가 되어야 할 것이다.

02

다시 만난 빌리 브란트,
화해와 용서가 만드는
평화

발트 3국에서 폴란드로: 경계란 무엇인가

리투아니아에서 폴란드로 가는 버스 여행은 눈바다로 떠나는 9시간의 항해다. 리투아니아에서 폴란드 국경을 육로로 넘을 때, 버스는 옆집을 지나가듯 멈춤 없이 내달린다. 국경에서 한 번은 서겠지, 라는 나의 예상은 보기 좋게 빗나갔다. 발트 3국과 폴란드 사이에서도 여권 검사 없이 국경을 통과한 것이다. 도대체 국경이란 무엇이고 경계란 무엇인가? 우리 국민에게 있어 남북한의 경계를 넘는다는 것은 곧 죽음을 의미한다. 그러나 국경이나 경계가 처음부터 그어져 있었을 리가 없다. 경계란 나름을 인정하지 않는 사람들끼리 인위적으로 그어놓은 선에 불과한 것이리라.

그렇게 9시간의 버스 여행을 통해 폴란드의 수도 바르샤바에 발을 내딛었다. 바르샤바는 원래 제2차 세계대전 때 완전히 파괴된 도

눈바다로 떠나는 9시간의 항해 – 리투아니아에서 폴란드로 가는 버스 차창 밖 풍경

시였다. 그런데 지금은 초고층 빌딩숲으로 둘러싸여 파괴의 흔적은 전혀 찾을 수가 없다. 놀라움을 만끽할 틈도 없이 나는 곧장 바르샤바의 '게토영웅기념비'로 향했다. 그곳에서 세상을 뒤바꾼 한 장의 사진이 찍혔기 때문이다.

바르샤바 게토영웅기념비와
빌리 브란트

무릎을 꿇은 것은 빌리 브란트 한 사람이었지만, 일어선 것은 독일 전체였다!

1970년 12월 7일 아침 7시, 폴란드 바르샤바 자멘호파 거리의 게토영웅기념비. 서독이 폴란드와의 관계 정상화를 위해 바르샤바 조약을 맺는 날이었다. 1943년 나치에 맞서 28일간 봉기했다가 참살당한 바르샤바 게토의 유대인 5만6000명을 기리는 탑 앞에 서독 총리 빌리 브란트가 섰다. 잠시 고개를 숙인 브란트가 뒤로 물러서자 의례적 참배가 끝났다고 여긴 일부 기자들도 따라 움직일 준비를 했다. 바로 그 순간, 빌리 브란트가 게토영웅기념비 앞에 털썩 무릎을 꿇었다. 그리고 아무 말도 하지 않았다. 아무도 예상 못 한 서독 총리의 행동이었다. 이 장면을 찍은 사진 한 장과 함께 신문기자는 "무릎을 꿇은 것은 빌리 브란트 한 사람이었지만, 일어선 것은 독일 전체였다!"라는 기사를 실었다.

빌리 브란트는 왜 무릎을 꿇고 사죄했을까? 그의 무엇이 피해 당사자인 유대인, 폴란드인 그리고 영국·프랑스 국민은 물론 전쟁의 직접 피해자가 아닌 세계인의 마음까지도 움직여 가해국 독일을 용서하고 새로운 유럽의 역사를 시작하게 한 것일까?

나는 지금 빌리 브란트가 역사를 움직인 그 현장으로 향한다. 서독 총리가 방문했던 1970년 12월 7일에는 겨울비가 내려 을씨년스러운 분위기였지만 내가 방문한 2018년 1월은 흰 눈으로 덮여 있어 순결한 아침을 맞이하고 있었다. 역사의 흔적을 찾아간다는 것은 이름 없는 꽃이 의미가 되는 순간이다. 매일 걷는 길, 한 달, 똑같은 하늘, 일 년, 이 모든 평범한 일상이 특별해지는 순간이다. 어제와 같은 공기가 다른 이름으로 아침을 연다. 아직 동트지 않은 이른 아침, 바르샤바의 차가운 공기가 '평화의 숨'으로 나에게 온다. 차가운 바르샤바의 겨울에 따뜻한 공기가 된다. 나는 지금 역사의 전환점이 된 순간을 찾아 바르샤바의 게토영웅기념비에 서 있다.

억울하게 죽은 유대인의 영혼이 눈물 방울로 떨어진다. 빗속에서 깊은 침묵에 잠긴 한 사람의 발소리가 고요한 정막을 깬다. 무거운 한 발자국이 '기억'의 의지와 함께 게토영웅기념비를 향해 가고 있다. 모든 독일 국민이 반드시 기억해야 할 역사의 고통을 짊어진 한 걸음이다. 1·2차 세계대전 중에 죽어간 수많은 영령이 머릿속을 스쳐 간다. 평범한 일상을 잃어버린 채 전쟁에 동원되었던 사람들, 죽음이 일상이 된 세상, 인류의 잔혹성, 그 극단을 보여준 나치의 인종

대학살은 내리는 빗방울의 수만큼이나 잔인하게 무거운 기억이다. 게토영웅기념비를 향해 옮기는 걸음마다 '책임'이라는 거대한 짐이 그의 몸을 내리누른다. 마지막 한 계단을 앞두고 천천히 눈을 들어 정면을 응시한다. 게토영웅기념비의 부조가 시야를 가득 채운다. 그 순간, 살기 위해 목숨을 걸고 나치에 저항한 유대인의 눈빛이 강렬하게 그를 마주한다.

"인류가 얼마나 잔인할 수 있는지 기억하라! 그 인류의 잔인성 앞에 자유를 향한 처절한 비명과 저항이 있었음을, 그 숭고한 가치를 위해 이 땅에서 희생한 사람들을 기억하라! 그리고 그 역사를 책임지라. 그 순간이 인류의 희망이자 미래가 된다!"

궁핍과 공포로부터의 자유를 향한 열정으로 죽지 않고 살아 있는 영혼이 그에게 말을 건다. 가까스로 여기까지 오기 위해 애써 지탱해온 다리 힘이 풀려버린다. 그 순간, 인류 역사의 거목 빌리 브란트 서독 총리는 서 있던 그 자리에, 마치 성모 마리아상 앞에 무릎 꿇은 고해자처럼 털썩 주저앉았다. 내리는 빗방울로 축축해진 돌계단 앞에 무릎 꿇은 한 사람을 향해 수백 개의 플래시가 터진다. 1970년 12월 7일, 과거의 역사에 무릎 꿇은 한 사람의 리더 빌리 브란트로 인해 독일 전체가 다시 일어서는 순간이었다. 인류의 치욕스러운 잔혹성 앞에서 또다시 인류가 희망임을 보여주는 순간이었다. 또 한 장의 거대한 역사의 전환이 시작되는 순간이었다.

한 장의 흑백사진 속에 바로 그때의 그 순간이 있다. 비 오는 날 서독 총리 빌리 브란트가 폴란드 게토영웅기념비 앞에서 무릎을

▎ 폴란드 바르샤바 게토영웅기념비 앞에 무릎을 꿇은 빌리 브란트 서독 총리

▎ 빌리 브란트가 무릎을 꿇었던 게토영웅기념비

꿇고 있었고, 뒤쪽에서 그 모습을 촬영하는 기자들이 보인다. 담담한 울림이 있는 묵직한 느낌의 사진이다. 이 사진 한 장 속에 담긴 빌리 브란트의 진정성은 폴란드의 오랜 원한을 씻어내렸다. 용서 못 할 과거일지라도 그 원한이 현재를 살아가는 독일과 독일인에게 더 이상 전가되지 않도록 했다. 또 다른 원한과 복수의 고리를 끊어내고 새로운 미래를 만들었다. 한 국가를 대표한 리더의 진정성 있는 행동이 원한의 역사를 평화의 역사로 바꾸는 위대한 순간이 된 것이다.

위대한 정치는 시시때때로 변하는 여론에 춤추지 않고 여론을 끌고 간다. 위대한 정치는 사건 하나하나에 대응하지 않고 역사를 만든다. 그리고 과거의 관성에 안주하지 않고 미래를 향해 전진한다. 빌리 브란트는 동방정책을 통해 소련과 모스크바 조약을 체결함으로써 유럽의 질서를 바꾸었고, 폴란드와 바르샤바 조약을 맺어 동유럽과 서유럽의 경계를 허물었으며, 동서독 관계 정상화로 통일로 가는 길을 만들었다.

이 공로로 그는 1971년 노벨평화상을 받았다. 그러나 브란트가 걸었던 길은 결코 쉽지 않았다. 내부의 반발이 외부만큼이나 큰, 그야말로 가시밭길이었다. 그러나 그는 "정치란 불가능한 것을 가능한 것으로 만드는 예술"이라는 비스마르크의 말을 좋아했다. 어느 시대, 어느 사회나 '가능성의 예술'을 보여줄 용기 있는 정치인을 목 놓아 기다린다. 합의를 명분으로 현실과 타협하지 않으면서, 역사적 책임감을 가슴에 새기고, 시대적 과제를 해결하는 데 두려움을 느끼지 않는 그런 지도자 말이다.

빌리 브란트 총리가 섰던 그 자리에 발을 올리는 순간, 나도 모르게 울컥하는 감정에 눈물이 흘렀다. 그가 짊어진 독일의 과거는 그에게 얼마나 거대한 무거움이었을까. 그 무거운 책임을 떠안고 달려온 폴란드 땅은 또 얼마나 깊은 슬픔에 잠긴 어두움이었을까. 그 바위 같은 무거운 발걸음과 칠흑같이 어두운 폴란드의 슬픔이 마음 깊이 묵직하게 내려앉는 것 같았다. 눈물이 멈추지 않는다. 내가 살고 있는 동시대에 일어난 사건이 아니라 해도 우리의 현재는 과거에서 자유로울 수 없다. 우리의 지금이 과거라는 역사의 연속성 안에서 존재하기 때문이다.

리더는 그가 사는 시대를 이 거대한 역사의 연속성 안에서 올바르게 판단하고 있어야 미래를 설계하고 갈 수 있다. 리더에게 지워진 짐이 무거운 이유다. 만약 과거에 대한 역사의 '정의'가 제대로 정리되지 않은 상태라면, 그 상태에서 현재를 이어가는 리더의 부담은 상상할 수 없을 정도로 클 것이다. 빌리 브란트가 위대한 이유는 이처럼 어려운 상황에서 리더의 자리를 맡았고 기꺼이 그 책임을 다한 것에 있다. 그러기에 빌리 브란트가 보여준 고통 속 진정성은 무엇보다 피해자였던 폴란드인들은 물론, 국적을 넘어 전 세계인을 감동시킨 것이 아닐까.

빌리 브란트는 동서독이 치열한 갈등 중이고 서독 내에서도 통일에 대한 의견이 첨예한 정쟁으로 치닫던 시기에 동독을 포용한 동방정책으로도 유명하다. 동방정책이라는 단 하나의 변수가 독일의 통일을 가능하게 한 것은 아니지만, 그의 정책이 움직인 시대의 변화가 독일 통일에 중요한 역할을 한 것은 사실이다. 그 시작점은 바로 여기, '과거에 대한 반성과 사죄'였다.

과거의 '걸림돌'은 미래의 '디딤돌'이다

1970년 좌파 총리 빌리 브란트가 폴란드에서 무릎을 꿇었고, 1985년 우파 대통령 리하르트 폰 바이츠제커가 '독일인의 집단책임'을 선언했다. 하지만 나치 시대 일을 기억하느냐고 물으면 독일인 대다수는 여전히 말을 흐렸다. 나치 시대를 경험했던 이들에게 그들의 자녀가 들을 수 있는 이야기는 '그들 부모가 경험했던 고통'뿐이었다. 빌리 브란트 총리와 리하르트 폰 바이츠제커 대통령으로 상징되는 공식적 기억은 대형 조각물과 화려한 건축물로 남아 있었지만, 이런 상징물들이 현재를 살아가는 독일인과 그들의 자녀세대에게 기억될 수 있을지는 의심스러웠다.

독일의 모든 평범한 시민과 그들의 자녀들까지 일상에서 기억할 수 있는 '의미 있는 작업'을 해야겠다고 마음먹은 독일 예술가가 있었다. 1997년, 군터 뎀니히는 나치 시대 피해자들의 이름과 생몰 연월일을 새긴 활동판을 피해자의 마지막 거주지에 박아 넣는 '걸림돌' 사업을 진행했다. '걸림돌'이 '공식적인 발언과 개인적 침묵 사이에서 발생한 괴리'를 메워줄 수 있지 않겠느냐는 생각이 사업의 시작이었다. 그는 희생자의 생애를 추적하고, 생존해 있는 가족·친지·친구들에게 초청장을 보냈다. 기부금도 모으고 전단도 만들었다. '걸림돌'을 파 넣는 날엔 그들 삶에 대한 간략한 소개, 위로곡 연주, 헌화, 짧은 묵념을 진행했다.

이러한 과정을 통해 지금 현재의 사람들이 '역사 속에 사라진 피상적인 희생자'를 거대한 조형탑에서 사진 찍으며 잠간 불러오는 것이 아니라, 일상 속에서 '구체적인 인간'으로 만나게 되리라 생각했다. 나치 시대의 희생자는 비단 유대인만이 아니다. 양심범, 집시, 동성애자, 여호와의 증인 신자 등 다양한 소수자들이 포함되어 있었다. 저자는 '걸림돌'에 이름이 새겨진 유령들을 한 명씩 불러냈다. 히틀러 암살작전에 관여하고 교황에게 나치 반대를 호소하다 죽어간 지역 언론인, 해외 유명 대학들이 교수직을 보장하면서 탈출을 종용했으나 끝내 국내에 남아 반나치 활동을 벌이다 수용소에서 3일 만에 구타당해 죽은 지식인, 동성애자라는 이유로 소리 소문 없이 숙청당하고, 종전 이후에도 줄곧 희생자 명단에서 빠져 있던 나이트클럽 가수 등 다양한 인물들을 되살렸다. 유골을 강에 쏟아버리거나, 수용소에서 한꺼번에 몰살하는 바람에 '실종'으로 분류된 사람은 셀 수도 없을 정도였다.

당연히 이런저런 반발도 있었다. '걸림돌'을 몰래 뽑아내거나, 돌에 새겨진 글귀를 알아볼 수 없도록 페인트나 타르로 칠해버리는 이들, 극우단체 테러가 두렵다며 '걸림돌'을 빼달라는 주민들, 집값

이 떨어진다고 소송을 내는 변호사, 이래저래 이어지는 살해 협박 전화…. 세무청은 '걸림돌'이 대규모로 제작되므로 예술작품에 적용되는 세율 7%가 아니라 대량생산품에 적용되는 19%의 부가세율을 적용하겠다고 나섰다. 결정타는 독일 내 유대인들을 대표하는 공동체 모임에서 나왔다. '걸림돌'이란 형식이 "다시금 짓밟히는 느낌이 든다"고 반대했던 것이다. 이에 대해 '걸림돌' 측은 "들여다보기 위해 허리를 숙이니 인사하는 셈"이라며 설득했다고 한다.

수많은 어려움이 있었지만 독일의 한 예술가가 시작한 이 '걸림돌 사업'은 전폭적인 지원을 받았다. 처음엔 뎀니히가 자기 돈을 들여 직접 작업해야 했으나, 시간이 갈수록 후원금과 자원봉사자들의 도움이 보태졌다. 10년 만인 2007년에는 247번째 도시 레겐스부르크에 '걸림돌'이 놓였다. 2013년에는 프랑스에서 허가를 받았고, 이어 스위스·룩셈부르크 등 유럽 각지로 뻗어 나가고 있다. 2015년 6월 기준, 유럽 18개국에 5만 3000개의 걸림돌이 깔렸다고 한다.

'불가역적인 평화'를 만드는 것은 역사를 과거의 '걸림돌'이 아니라, 일상의 '디딤돌'로 만들려는 평범한 시민들의 의지이다. 정치 지도자들만의 결단으로 만들어진 평화 분위기는 다른 정치 지도자들에 의해 얼마든지 되돌려질 수 있기 때문이다. 나치 시대라는 어두운 독일 역사는 그것을 기억하려는 독일인들의 강한 의지 속에서 '디딤돌'이 되고 있다.

2015년 5월 3일, 앙겔라 메르켈 독일 총리는 최초의 나치 집단수용소인 독일 바이에른 주 다하우 수용소를 찾았다. 이날도 1970년

HIER WOHNTE
ELSE LIEBERMANN
VON WAHLENDORF
GEB.HOLLÄNDER
JG. 1876
GEDEMÜTIGT-DIFFAMIERT
TOT 8.1.1943

© Axel Mauruszat

▌베를린 거리에 새겨진 '걸림돌'

© Francisco Peralta Torrejon

▌체코 프라하의 '걸림돌'

▌'걸림돌' 마무리 작업을 하는 군터 뎀니히와 동료들

12월 7일 빌리 브란트가 게토영웅기념비 앞에 섰던 날처럼 비가 내렸다. 메르켈 총리는 추도사에서 이렇게 말했다.

"우리는 희생자들과 우리 자신과 미래세대를 위해 이를 기억하겠다."

독일은 제2차 세계대전 종전 70년에 맞춰 공개한 영상 메시지에서도 이런 내용을 계속해서 강조한다.

역사에 종지부는 없다. 나치의 만행을 기억해야 하는 것은 독일인의 영원한 책임이다.

1970년 빌리 브란트 총리가 이미 사죄했지만 독일은 사죄와 반성을 멈추지 않는다. 유대인들도 홀로코스트에 대한 기억을 멈추지 않는다. 역사의 성찰과 반성에 종지부는 없다. 역사란 쉼 없는 성찰의 대상이지, 한 번의 협상과 사과로 불가역적 해결이 되는 대상이 아니다.

2015년 12월 28일, 한국의 박근혜 정부와 일본의 아베 신조 정부는 일본군 '위안부' 피해자 문제의 "최종적·불가역적 해결"을 이야기했다. 아베 총리는 총리 관저 기자회견에서 '사죄'와 '반성'은 입에 올리지 않은 채 "다음 세대의 아이들에게 사죄를 계속하는 숙명을 지게 해서는 안 된다"고 강조했다. 2015년 12월 29일자 〈요미우리 신문〉에 따르면, 그는 회담에 나서는 기시다 후미오 외무상에게 "합의에 '최종적이고 불가역적'이라는 문구가 들어가지 않는다면

│ 바르샤바 광장에 있는 빌리 브란트 기념비

교섭을 그만두고 돌아오라"고 전했다고 한다. 기시다 외상은 "(일본 정부 예산 출연은) 배상이 아니다. 도의적 책임이라는 데 변함이 없다"고 말했다. 이런 일본의 태도는 독일과 비교된다. 진정한 의미의 책임과 사죄보다 10억 엔으로 다시는 한국이 이 문제를 입에 올리지 못하게 하겠다는 의도가 우선한다는 것은 나만의 생각일까. 나는 다시 묻는다. 도대체 역사에 최종적·불가역적 해결이라는 것이 가능한가?

역사의 잘못, 실수는 그 시대로 끝나지 않는다. 계속해서 반복된다. 끝까지 잊히지 않도록 끊임없이 기억해야 하는 것이다. 빌리 브란트 총리는 게토영웅기념비 앞에서 진정한 참회와 사과를 전달하기 위해 아무 말도 하지 않고 무릎을 꿇었다. 지금까지도 독일 정부는 나치 피해자와 그 후손에게까지 계속해서 배상하고 있다. 빌리 브란트 이후의 지도자도 계속해서 독일의 잘못을 세계에 이야기하며, 다음 세대에게도 선조의 잘못을 가르친다. 폴란드에 있는 최대 규모의 유대인 수용소는 독일 학생들의 수학여행 코스다. 온몸으로 사죄를 전한다는 것은 '잊지 않겠다'는 약속이다. 빌리 브란트 총리가 게토영웅기념비 앞에서 무릎 꿇은 그날, 강제수용소 생존자인 유제프 치란키에비치 폴란드 총리는 다음 행선지로 이동하던 차 안에서 빌리 브란트를 끌어안고 통곡했다. 그리고 이렇게 말했다.

"용서한다, 그러나 잊지 않겠다.Forgivable, but Unforgettable."

그 뒤 폴란드인들은 바르샤바에 브란트 광장을 만들고, 무릎 꿇은 브란트의 모습을 담아 기념비를 세웠다. 진정한 화해라는 것은 '잊지 않겠다'는 마음이 전하는 사죄와 용서다. 게토영웅기념비 앞에서 나는 동아시아를 생각한다. 동아시아에서 일본의 강제침략과 전쟁동원, 위안부 문제 등은 여전히 해결하지 못한 갈등이다. 기억하고 책임지려는 리더의 모습에 미래가 있음을 온몸으로 보여준 빌리 브란트, 동아시아에서 아시아의 빌리 브란트를 기대하는 것은 무리일까. 평화를 위한 화해의 길이 동아시아에서는 너무도 멀어 보여 답답한 마음이 하루종일 가시지 않고 있었다.

기록되는 역사만이 기억되고
기억하지 않는 한 아무것도
달라지지 않는다

바르샤바 게토영웅기념비 바로 앞에는 폴란드에서 거주했던 유대인의 생활과 박해에 대한 역사를 전시한 폴란드 유대인 역사 박물관Muzeum Historii Żydów Polskich이 있다. 이 박물관은 2013년 개관하여 이 지역이 어떤 곳인지를 상징적으로 보여주고 있다. 바르샤바 게토영웅기념비가 있던 지역은 게토가 있던 지역으로 수많은 유대인이 희생되고, 또 희생을 감수하며 봉기했던 곳이기도 하다. 죽음을 앞두고도 처절하게 저항했던 그들의 열망은 여전히 살아 있는 영혼이 되어 이 지역에 역사를 전하고 있다.

게토영웅기념비 옆으로 한 노신사의 동상이 보인다. 동상 이름만으로는 누구인지 모르겠기에 근처를 산책하고 있던 현지인에게 물었다. 강아지와 함께 동상 근처로 와 그 사람의 이름을 말해주기에 수첩에 받아 적었다. 동상의 주인공은 얀 카르시키Jan Karski, 폴란드 교수이자 작가라고 한다. 나치의 만행을 폭로한《Story of a secret state》의 저자이자, 노벨평화상 후보에도 오른 사람이다. 치열하게 과거의 역사를 고민하고 연구하는 이런 학자들이 있어 사람들은 정의를 생각하고 미래를 상상하게 되는 것이다. 오전에 울어서 빨개진 눈물을 닦아주기라도 하듯 그가 나에게 말을 건다.

"차마 입에 담을 수도 없을 만큼 끔찍한 인간의 잔인성, 그 잔혹

▎ 폴란드 유대인 역사 박물관

▎ 나치의 만행을 폭로한 얀 카르시키 교수 동상

한 나치의 현장을 파헤치고 그 내용을 끊임없이 기록하여, 잊히지 않게 하는 일이 평생의 내 과업이었지만, 그래도 나는 여전히 인간에게서 희망을 봅니다. 이 추운 날, 먼 곳까지 와서 세계인이 함께 지켜가야 할 인간의 가치와 미래를 고민하는 사람이 있으니까요. 인류가 기억해야 할 이 참담한 역사를 잊지 않으려는 당신을 응원합니다. 기록되는 역사만이 기억되고 기억하지 않는 한 아무것도 달라지지 않아요. 잊지 않고 기억하려는 사람들, 그들이 만드는 미래는 과거의 실수를 딛고 더 나은 세상을 향해 가는 희망이라고 믿고 있어요."

눈 덮인 바르샤바 게토영웅기념비에 앉아 있는 그의 손이 차가워 보여 손을 내민다. 추운 겨울에 만난 폴란드 학자 얀 카르스키 교수의 위로는 그 어떤 말보다 따뜻하게 다가왔다. 얀 카르스키 교수는 학자가 존재해야 하는 이유, 더 공부해야 하는 이유를 그의 인생을 통해 담담하게 보여준다. 이 참담한 역사를 이해하기 위해, 이제 나는 최대 규모의 집단학살이 이루어진 폴란드 중부의 도시 크라쿠프의 아우슈비츠(오시비엥침) 수용소로 간다. 도대체 왜 죄도 없는 유대인들은 이렇게 처참한 집단살인을 당해야만 했는가? 1·2차 세계대전에서 폴란드는 어떤 상황이었는가? 도대체 나치는 어떤 의식구조에서 이런 반인륜적 살인을 정의라는 이름으로 자행했던 것인가? 그 의식구조를 지배한 파시즘과 나치즘은 어떻게 이해해야 하는가? 악의 근원은 무엇인가? 쏟아지는 질문만큼이나 하루종일 하얀 눈이 멈추지 않고 바르샤바 시내를 뒤덮고 있었다.

아우슈비츠에서
악의 근원을 묻다

오시비엥침! 독일어 지명인 '아우슈비츠Auschwitz'로 더 잘 알려진 유대인 수용소다. 이 수용소는 폴란드 수도 바르샤바에서 급행기차로 2시간 반 거리에 있는 크라쿠프 교외에 있다. 이곳은 제2차 세계대전 당시, 최대 규모의 수용소이자, 〈쉰들러 리스트〉와 〈안네의 일기〉의 무대가 된 죽음의 수용소이기도 하다. 소련군이 진입하면서 급히 퇴각한 독일군이 미처 파괴하지 못해 원형 그대로 보존되어 있다. 원래는 정치범 수용소였는데, 제2차 세계대전 당시 나치가 유대인, 소련군, 정치범, 집시들을 학살하기 위해 대규모로 재건했다고 한다.

이른 아침부터 각국에서 온 수많은 여행자가 수용소 정문에 가득하다. 온 인류가 반드시 기억해야 할 이 역사적 현장을 찾아 먼 곳에서 온 사람들이다. 아우슈비츠는 독일과 폴란드 학생들의 수학여행 장소라고 하는데, 일요일 오전에도 다국적 여행자들로 북적이고 있었다. 수용소 정문에는 "일하면 자유로워진다ARBEIT MACHT FREL"라는 문구가 붙어 있다. 고압 전류가 흐르던 이중 쇠창살과 전체적으로 느껴지는 음산한 분위기가 수용소로 가는 발걸음을 멈추세 한다. 유럽 곳곳에서 기차에 실려 온 유대인들과 러시아 포로들, 이탈리아의 집시, 정치범 등은 이곳에서 분류되어 80% 이상은 가스실에서, 나머지는 생체실험과 강제노역 등으로 죽음을 맞이했다. 수용소 안에는 이곳에

아우슈비츠에서 죽은 사람들의 신발

아우슈비츠 수용소 내부

서 죽은 사람들의 머리카락·옷·신발·가방과, 등록을 위해 찍었던 사진들이 있어 그때의 상황을 짐작할 수 있게 한다.

인간이 어떻게 같은 인간을 이토록 무자비하고 처참하게 죽일 수 있는 것인가? 그 행위가 본인의 가족에게 가해지는 행위라고 생각했다면 도저히 불가능했을 것이다. 그렇다면 유대인이나 수용소에 잡혀온 사람들을 동일한 인간으로 간주하지 않았기 때문에 이런 집단학살이 태연하게 자행되었다는 결론에 이른다. 20세기의 괴물이라 불리는 파시즘과 나치즘의 발원이다. 도대체 인간이 왜 그렇게 잔인했던 것인가. 인간 악의 근원은 무엇인가. 독일 출신의 철학자 한나 아렌트는 '악의 평범성'이란 용어를 통해 평범한 인간이 가지고 있는 잔인성을 이야기했다. 인간의 '생각 없음'이 악을 낳는다고 진단하면서, 파편화되고 소외된 개인들과 수동적인 삶을 고발했다.

선량하고 평범한 얼굴을 한 사람들이 어떻게 하루에 수백 명의 사람들을 가스실에 넣고 잔인하게 죽일 수 있을까? 어떻게 이 일을 매일의 업무로 자행하고 밥을 먹고 아무렇지 않은 하루를 살아갈 수 있었을까? 이런 정신 상태를 가능하게 하는 파시즘과 나치즘은 무엇이며, 어떻게 등장할 수 있었는가?

20세기가 낳은 괴물로 빼놓을 수 없는 것 중 하나가 파시즘이다. 파시즘, 하면 나치 독일이 가장 먼저 떠오른다. 그렇다면 독일 나치당(국가사회주의 독일노동자당)은 어떻게 권력을 잡았을까? 제1차 세계대전에서 패배한 독일은 베르사유 체제 속에서 경제적으로 상당한 고통을 겪게 된다. 특히 그전까지 그럭저럭 생활을 하던 중류층의

피해가 막심했다. 제1차 세계대전의 패배로 전쟁 보상금 지급을 위한 독일 정부의 무리한 화폐 발행은 극도의 인플레이션을 유발했고, 독일 경제를 몰락으로 몰고 갔다. 그전까지 중류층으로 살았던 사람들은 하류층으로 내몰리게 되었는데, 그들은 '우리는 하류층과는 다르다'는 강한 자존심을 가지고 있었다. 따라서 그 하류층 사람들과 하나로 단결하여 사회주의 혁명을 할 수 없다는 인식이 팽배했다. 이러한 중간층 특유의 계층의식을 간파하고 그 틈을 치밀하게 파고든 것이 바로 히틀러와 나치였다. 파시즘이 극단으로 기승을 부린 것은 제2차 세계대전 때지만 사실 그 등장배경은 제1차 세계대전 당시로 거슬러 올라가는 것이다.

전쟁과 인종대학살의
반복적 비극을 넘어

폴란드 현대사를 보면 한 나라의 역사를 그 나라 영토 안에서만 바라보는 것이 얼마나 협소한지를 생각하게 된다. 나치가 유대인에게 행한 이 반인륜적 행위는 결코 이 땅에서만 끝나지 않았다. 제2차 세계대전 후에도 캄보디아의 킬링필드, 코소보 전쟁 인종학살, 르완다 내전 대학살, 수단 다르푸르의 인종청소 등으로 이름을 바꾸어 이어졌다. 제2차 세계대전이 끝나고 5년 뒤 한국에서도 한국전쟁이 발발하여 300만 명이나 되는 사람들이 목숨을 잃었다. 그리고 여전히 우리는 전쟁의 일시중단 상태를 살아간다. 이라크, 시리아, 아프가니스탄에서 전쟁은 계속해서 현재진행형이다. 인류의 비극적 역사, 참혹하고 잔인한 싸움은 1·2차 세계대전에서만 있던 것이 아니다. 역사는 반복된다는 말은 진리일지도 모른다! 여전히 우리는 인간이 가진 선과 악의 대립적 본성 안에서 끊임없이 싸운다.

세계의 역사, 인류의 역사는 한 국가의 경계 안에서만 서술할 수 있는 개념이 아니다. 세계에는 국가의 역사 이외에도 다양한 역사가 존재한다. 인권의 역사, 환경의 역사, 질병의 역사 등 국가의 경계를 넘어서는 수많은 역사가 씨줄과 날줄로 연결되어야 비로소 완전한 세계와 인류를 담을 수 있는 것이다. 국가 중심의 역사만으로는 인간 사회의 아주 작은 일부만을 이해할 수 있을 뿐이다. 나치가 유대인에게 행한 이 비극의 역사를 국가 중심의 역사로만 이해하면 독일이라는 국가, 또는 폴란드라는 영토 안에서만 의미가 있을 뿐이지만, '인간 존엄성'이라는 인권의 개념에서 보면 이것은 국경을 넘는 인류의 역사다.

국경을 초월한 역사의식 안에서 너와 나를 구별하는 우월과 열등의 개념은 의미가 없다. 국경을 초월한 역사 안에서 '다름'은 배타적인 것이 아니라 받아들일 수밖에 없는 자연스러운 현상이 된다. 국경을 초월한transnational 역사는 만남·접촉·교류의 시대를 사는 지금 우리에게 세계를 보는 열린 시각을 전해준다. 우리는 나치가 자행한 이 비극을 독일·폴란드의 영토와 사람으로 한정 지어 보는 시각을 넘어, 인권의 역사라는 인류 전체의 역사 안에서 기억해야 한다. 그것이 현대사에서 전쟁과 인종대학살이라는 반복적 비극을 최소화할 수 있는 마음가짐일 것이다.

국경을 넘어 전 인류에게 전하는 억울한 유대인들의 영혼의 울음 소리가 아우슈비츠를 떠나오는 내내 마음 한구석에 무거운 돌처럼 남아 내리누른다. 수용소에 있던 수백만 슬픈 영혼의 눈물은 눈이 되어 아침부터 늦은 오후까지 계속되고 있다. 며칠째 한 번도 볼 수 없었던 햇살이 유난히도 더욱 그리워지는 날이다.

03

폴란드 역사에서 찾은
위대한 리더의 조건

야기엘론스키 대학에서 만난
카지미에시 대왕

중세의 모습을 담고 있는 크라쿠프 구도심에는 야기엘론스키 대학 Uniwersytet Jagiellonski이 있다. 폴란드 최초의 대학이자, 중부 유럽에 서는 체코 프라하의 카를 대학에 이어 두 번째로 오래된 대학이다. 붉은 벽돌 건물과 고풍스러운 아치형 벽면이 한눈에 오래된 대학임 을 알게 한다. 정각마다 울리는 시계 소리에 2층을 올려다보니 작은 인형들이 브람스가 작곡한 〈대학축전서곡〉에 맞춰 움직인다.

그렇다면 왜 폴란드인이 아닌 브람스의 음악이 이 대학에서 매시 간 울려 퍼지는 것일까?

독일인 브람스는 영국을 싫어했다. 그래서 케임브리지 대학에서 제안한 명예박사학위를 거부했다. 반면, 폴란드 브로츠와프 대학에 서 수여하는 명예박사학위는 받아들이고, 그 고마움을 〈대학축전

┃ 폴란드 크라쿠프에 있는 야기엘론스키 대학

┃ 정각마다 〈대학축전서곡〉 음악에 맞춰 움직이는 야기엘론스키 대학 건물의 인형들

서곡)에 담아 브로츠와프 대학에서 초연했던 것이다. 이 대학은 지동설을 주장한 코페르니쿠스, 1996년 노벨문학상을 받은 비슬라바 쉼보르스카, 교황 요한 바오로 2세를 배출했다. 이렇게 위대한 인물을 배출한 역사 깊은 야기엘론스키 대학에서 내가 가장 만나고 싶은 사람은 이 대학의 설립자라 할 수 있는 카지미에시 대왕Kazimierz III Wielki(카지미에시 3세)이다.

1364년, 카지미에시 대왕은 야기엘론스키 대학의 전신이라 할 수 있는 크라쿠프 대학을 설립했다. 이 학교는 폴란드 고등교육기관 중 가장 오래된 곳이며, 유럽에서 두 번째로 오래된 대학이다. 현재의 야기엘론스키 대학이라는 명칭은 1817년부터 사용했는데, 이 이름은 폴란드의 야기에우워 왕조에서 유래했다. 카지미에시 대왕은 폴란드 역사상 가장 이상적인 군주이자 폴란드 통치자들 중에 유일하게 '비엘키Wielki', 즉 '대왕'이라 불리는 왕이다. 폴란드인들은 왜 그를 가장 이상적인 군주로 생각하고 '대왕'이란 칭호를 붙여주었을까? 그는 전쟁 없이 번영을 이룬 지도자로, 타민족에 대한 관용, 그리고 학문의 가치에 대한 존중을 보여준 사람이다. 이제 카지미에시 대왕의 업적을 확인해보자.

관용과 개방의 정치

목조 폴란드를 물려받아 석조 폴란드를 남겼다.

폴란드 카지미에시 대왕을 설명할 때 흔히 쓰는 말이다. 브와디스와프 1세와 야드비가 볼레스와우나 사이에서 태어난 그가 왕위에 올랐던 1333년의 폴란드는 약소하고 전쟁으로 황폐해진 땅이었다. 카지미에시 대왕에게 가장 중요한 것은 쇠약해진 폴란드를 재건하고 나라의 안정을 공고히 다지는 일이었다. 그는 우선 국가안보를 위해 국경 지역에 수십 개의 방어성을 쌓았다. 그리고 시민복지에 중점을 두고 도시에 특권을 부여했다. 그 덕분에 도시들은 부유해질 수 있었다.

또한 분할 공국 시대부터 이미 폴란드 도시에 정착하기 시작한 유대인들에게 많은 특권을 주었다. 14세기 카지미에시 왕이 유대인에 대한 관용정책을 펴자, 유럽 전역에서 유대인이 많이 유입되었다. 제2차 세계대전 이전에는 크라쿠프 인구의 3분의 1을 차지할 정도로 유대인이 많이 살았다고 한다. 수많은 시나고그(유대교 회당)와 유대인 무덤, 박물관 등 약 500년 동안의 유대인 문화유산이 이곳 크라쿠프에 '카지미에시 지구'라는 이름으로 남아 있다. 카지미에시 대왕은 또한 가난한 사람들의 보호자였다. 그는 기사와 귀족이 가난한 사람을 해치는 것을 용납하지 않았다. 카지미에시 대왕은 직접 시골 농부들을 만나며 이들의 고충을 들어주었다. 사람들은 카지미에시 대왕을 '농부들의 왕'이라 불렀다.

보통 한 국가에서 '대왕'이라는 칭호는 전쟁을 통해 가장 많은 영토를 넓힌 왕에게 주어진다. 그러나 카지미에시 대왕은 전쟁 없이 탁월한 외교술로 영토를 지키고 넓혔다는 점에서 특이하다고 할 수 있다. 카지미에시 대왕은 큰 전쟁을 치르지도 않았고 위대한 승리를 거두지도 않았지만, 폴란드는 강해지고 거대해졌다. 놀랍게도 카지미에시 대왕 통치 기간 동안 폴란드 영토는 거의 3배나 커졌다고 한다. 타민족을 받아들이는 관용과 개방의 정치를 통해 폴란드는 피를 흘리지 않고도 번영을 유지한 것이다.

∥ 폴란드의 카지미에시 대왕(1864, Leopold Löffler)

폴란드가 부유하고 강한 나라가 되어 안정을 유지하면서, 카지미에시 대왕은 폴란드의 법전을 집대성하는 작업에 착수한다. 보통 한 나라의 역사에서 법전을 편찬하는 것은 국가 전체의 기틀을 잡는 일로서, 학문과 문화가 융성의 시대로 진입함을 상징한다. 법전 편찬 과정에서 자연스럽게 고등교육기관의 역할이 확대되기 때문이다. 이렇게 카지미에시 대왕 시대 폴란드에서는 제각각 존재하던 수많은 법규들이 처음 하나로 모이고 통일되었다. 그리고 이것을 토대로 모든 법정에서 동일하게 재판하고 판결을 내릴 수 있게 됐다.

이어서 카지미에시 대왕은 폴란드 사람들의 교육에 힘썼다. 우르반 5세 교황으로부터 대학 설립 허가를 받아낸 카지미에시 대왕은 비

엘리치카의 소금광산에서 얻은 자금을 투입하여 1364년 폴란드 최초의 대학인 크라쿠프 대학을 설립했다. 이제 폴란드 젊은이들은 학업 때문에 외국을 나가지 않아도 됐다. 카지미에시 대왕 사후 1390년대 들어 브와디스와프 2세Władysław II Jagiełło 왕과 야드비가 왕비의 투자로 이 대학은 정상궤도에 올라서게 된다. 특히 야드비가 왕비는 개인의 보석을 처분하여 203명의 학생을 등록시켰고, 천문학·법학·신학 분야에서 저명한 학자들을 초빙했다. 특히 이 대학은 수학과 천문학을 독립된 학문으로 만든 유럽 최초의 대학이었다.

이렇게 카지미에시 대왕부터 야드비가 왕비에 이르기까지 오랜 역사를 이어온 크라쿠프 대학은 1817년, 현재의 이름인 야기엘론스키 대학으로 개명한다. 폴란드 야기에우워 왕조의 후원 덕분에 큰 부흥을 이루었다는 의미에서 이 왕조의 이름을 가져왔다고 한다. 세계 최초의 천문학과가 만들어진 대학답게, 이 대학에서는 코페르니쿠스라는 위대한 천문학자를 배출했다. 야기엘론스키 대학은 현재 인문학·법학·자연과학·사회과학·의학 등 15개 학부를 두고 있으며, 4000명의 교수진이 80개 분야에서 4만 명이 넘는 학생들을 가르치고 있다.

폴란드 최전성기를 만든 힘, 다양성의 인정과 관용

카지미에시 대왕의 위대한 업적을 통해 다시 묻는다. 무엇이 위대한 통치일까? 더 많은 국경을 확장했다면 그것은 위대한 통치인가? 그런데 그 국경을 확장하기 위한 전쟁에서 백성들의 평범한 삶이 사라졌다면 그래도 그 통치는 위대한 것일까? 폴란드 유일의 대왕 칭호를 받는 카지미에시 대왕의 통치 업적에는 거대한 영토전쟁이 보이지 않는다. 대신, 그는 주변국과의 관계를 외교로 풀면서 자국의 안보를 확보하려 했다. 그는 가장 약한 백성을 지키려는 마음이 있었고, 관용과 개방성의 정치를 실현하고자 했다. 나와 너를 구별하기보다 그들의 땅에서 다양한 사람들이 더 편하게 살 수 있도록 배려하고자 했다. 카지미에시 대왕 재위 당시 최대 규모의 유대인 지구가 있던 것은 그가 이민정책의 선구자였음을 잘 보여준다. 폴란드가 위대한 대왕이라 생각하는 그의 업적은 '정복과 확장'이 아니라 '관용과 배려'에 있다. 어쩌면 위대함을 탄생시키는 것은 강함이 아니라 부드러움일지 모른다.

폴란드인들이 유일하게 지칭한 '대왕' 칭호에서 나는 세상에서 가장 강할 수 있는 부드러운 배려, 관용을 만난다. 위대함은 거대한 통치 업적에서 나오는 게 아니라, 백성의 삶이 중심이 되는 지도자의 지혜로움에 있다. 교육의 중요성을 간파했던 야기엘론스키 대학의 초대 설립자 카지미에시 대왕의 마음은 변함없이 긴 세월을 흘러 살아 있는 듯하다. 그 마음이 600여 년이 지난 지금도 변함없다면 폴란드는 또다시 세계와 세기의 변화를 만드는 위대한 학자들을 탄생시킬 수 있을 것이라 믿는다.

폴란드의 황금기에 가장 기억할 만한 사실은 이 시기 폴란드에도 종교개혁운동이 일어났지만, 유럽의 다른 나라들과 달리 잔혹한 종교전쟁으로 이어지지 않았다는 점이다. 당시 폴란드에는 모든 신앙은 존중받아야 한다는 생각이 지배적이었기 때문이다. 1517년 종교개혁 이후, 16세기 유럽에서는 다양한 신앙의 지지자들 간에 잔혹한 종교전쟁이 벌어졌다. 이 시기 폴란드에도 종교개혁운동이 퍼졌다. 종교개혁은 16세기 유럽에서 마르틴 루터가 로마 가톨릭의 면죄부 판매에 대해 95개조 반박문으로 비판한 데서 시작된 개혁운동이다. 자신들을 프로테스탄트라고 부르던 새로운 종교관의 추종자들이 그전까지와는 다르게 성경의 의미를 재해석하고 가톨릭에서 분리해나갔다. 이들은 또한 교황의 권위를 인정하지도 않았다. 프로테스탄트 신자들 사이에서도 의견이 각기 달랐고, 그 결과 다양한 교회들이 계속해서 생겨났다. 가장 중요한 프로테스탄트 종교는 독일의 마르틴 루터와 스위스의 장 칼뱅의 주장을 바탕으로 탄생했다. 이렇게 새로이 일어난 종교개혁운동이 기존의 신앙과 갈등을 일으켜 종교전쟁이 벌어지기도 했지만, 폴란드에서는 이런 전쟁이 없었던 것이다.

1645년 브와디스와프 4세(1632~1648)는 가톨릭 학자들 외에 루터교와 칼빈교 전문가들을 폴란드로 초대하여 종교회의를 열었다. 이때는 30년전쟁(1618~1648)이라는 피비린내 나는 종교전쟁이 유럽 전역을 휩쓸고 있던 시절이었다. 그 시절, 이렇게 다양한 종교이론가들이 한자리에 모여 평화롭게 종교회의를 했다는 사실에 유럽 전체가 놀라움을 금치 못했다. 다양성의 인정과 관용, 그것이 폴란드 최전성기의 역사가 전해주는 교훈이다.

폴란드 브로츠와프에서의
특별한 만남

인연은 생각지 못한 곳에서 또 다른 인연을 만든다. 유펜-경희대 써머스쿨 프로그램에 조교로 참여하면서 알게 된 친구에게 폴란드를 간다고 이야기했더니, 폴란드 브로츠와프 대학에 있는 아그네스 Agnieszka Smiatacz라는 한국학과 교수를 만나보라고 한다. 한국에서 박정희 시대의 근대화를 주제로 역사학 박사학위를 받고 현재 폴란드에서 한국문학과 한국어를 가르친다고 했다. 예정된 일정은 아니었지만 한국에서 역사 공부를 한 폴란드 사람과의 만남에 호기심이 생겼다. 그녀는 대체 어떤 이유로 한국을 선택한 걸까? 폴란드에서 한국학을 하는 학생들은 어떤 사람들일까? 나는 지금 아그네스 교수를 만나러 폴란드 서남부 도시 브로츠와프로 향한다.

브로츠와프는 실롱스크(독일어: 슐레지엔) 지방의 중심지다. 실롱스크는 유럽의 열강이 탐내던 지역이다. 오스트리아와 독일은 철과 석탄이 풍부한 실롱스크 지방을 두고 치열하게 싸웠다. 풍부한 자원으로 상공업이 크게 발달한 이 지역은 주요 세금 수입원이 될 수 있었기 때문이다. 이 지역은 프로이센 왕국 산하 행정구역 중 하나로 독일 제국 시기까지 존재했다. 1939년부터 1944년까지 일시적으로 다시 실롱스크가 하나로 통합되기도 했으나 제2차 세계대전은 나치 독일의 패배로 끝났고, 이후 스탈린은 실롱스크 대부분을 폴란드에 넘겨준다. 독일 내에서 항의의 목소리가 없었던 것은 아니지만 1990년 통일 과정에서 독일은 과거 영토를 영구적으로 포기한다고 명시했다. 이러한 역사적 배경 때문에 이 지역은 지역적으로도 매우 복잡한 경계를 가진 땅이다. 그리고 그 복잡한 경계만큼이나 하나의 민족성이나 문화적 단일성을 찾기 어렵다.

이 같은 복잡다단한 역사 속에서, 실롱스크 지방의 중심지 브로츠와프는 '다양성'을 가진 활기찬 도시의 기운이 있다. 폴란드는 한국 기업에 매우 중요한 전략기지이기도 하다. 서유럽 시장을 향한 전진기지로서 최적의 입지조건이기 때문이다. 대우자동차가 처음 진출한 이후, LG가 진출해 있다. 현재 유럽 전역에 공급되는 TV·냉장고·세탁기 등은 모두 이곳에서 생산한다. 인근 도시 포즈난Poznan에도 삼성의 백색가전공장이 있다.

활기찬 도시의 미래는 그 지역의 청년들에게 있다. 나는 그곳에서 한국을 사랑하는 지성미 넘치는 역사학자 아그네스 교수를 만났다. 그녀는 서울대학교 역사학과에서 석사를 하고, 한국학연구원에서 박사를 한 매우 보기 드문 폴란드 여성이다. 그녀는 또한 역사학으로 박사과정을 끝낼 때까지 한국에서 10년 정도 살았다고 했다. 푸른 눈의 폴란드인이 능숙한 한국어를 구사하는 것도 놀라운데 한국문학을 가르치고 한국의 근대화 연구로 박사논문을 썼다니 감탄사가 절로 나온다. 모국어가 아닌 언어로 논문을 쓴다는 것은 고도

▎폴란드 브로츠와프 대학

의 지적 작업이다. 모국어가 아닌 언어로 지식을 습득하는 것만으로도 이미 최소 3배 이상의 시간을 들여야 하는데 거기서 더 나아가 외국어로 자기 생각을 논리적으로 풀어 써야 한다. 그것이 외국에서 외국어로 논문을 쓰는 외국인이 겪는 가장 큰 어려움이다. 모국어가 아닌 언어로 고도로 집약된 생각을 정리해서 박사논문으로 쓴다는 것이 얼마나 어려운 작업인지 누구보다 잘 알고 있기에 나는 만나기 전부터 그녀가 궁금했다.

외국어로 논문을 써본 경험을 공유한다는 것만으로도 이미 잘 통하는 친구가 된 것 같다. 그녀는 맑고 밝은 한국어로 브로츠와프 대학에서 진행하는 본인 수업 이야기와 폴란드 대학에서의 한국학의 위상을 전해준다. 폴란드 브로츠와프 대학은 중국학과보다 한국학과의 인기가 더 높다고 한다. 이 지역에 한국 공장이 많아 주변에서 한국인을 많이 보는 것도 하나의 이유일 수 있고, 한류 드라마의 영향도 무시할 수 없을 것이다. 이유가 무엇이건 이 머나먼 땅 폴란드에서 중국학보다 한국학이 인기가 더 많다는 것은 참으로 고맙고 놀라운 일이다. 도대체 어떤 학생들이 한국학을 선택했을까? 이들에게 한국은 어떤 나라로 다가올까?

아그네스 교수의 배려로 나는 그녀의 한국문학 수업에서 한국학을 배우는 폴란드 학생들을 만나볼 수 있었다. 그리고 그들에게 '아주 특별한 강의'를 할 수 있었다. 한국인의 감성을 담은 '한국시'를 이 이방인들은 어떻게 이해하고 있을까? 예를 들어, 김소월의 시를 어떻게 이해할 수 있을까?

나 보기가 역겨워
가실 때에는
말없이 고이 보내 드리오리다.

영변寧邊에 약산藥山
진달래꽃

아름 따다 가실 길에 뿌리오리다.

가시는 걸음 걸음
놓인 그 꽃을
사뿐히 즈려밟고 가시옵소서.

나 보기가 역겨워
가실 때에는
죽어도 아니 눈물 흘리오리다.

_ 김소월, 〈진달래꽃〉

김소월이 쓴 〈진달래꽃〉이라는 이 시를 외국 학생들이 들으면 어떤 느낌일까? 김소월의 시를 모국어가 아닌 언어로 번역하면 그 감각을 정확히 번역할 수 있을까? 아니, 번역을 정확하게 할 수나 있는 걸까? 한국의 현대시가 도달한 최고의 이별 미학이자, 한국인의 정과 한을 아름답고 처절한 자기희생으로 승화시킨 한국의 대표시 김소월의 〈진달래꽃〉! 이 시를 폴란드 학생들이 읽고 공부한다. 그리고 그들은 한국인의 사랑이 가지는 의미를 나름대로 분석하여 수업시간에 발세하고 있다. 반대의 관점에서 생각해보면 이 작업이 얼마나 어려운 일일지 상상이 된다. 한국 학생들이 폴란드 문학작품을 영어로 읽고, 한국어로 그 내용과 자기 생각을 매주 만나서 이야기하는 격 아닌가!

이 대학에서 만난 학생들은 연갈색 눈망울이 초롱초롱하게 빛나는 17명의 한국학과 3학년 여학생들이다. 3년 정도 학교에서 배운 한국어를 가지고, 아그네스 교수가 한국어로 진행하는 수업을 듣고 있다. 얼마 전 읽은 김소월의 〈진달래꽃〉을 번역했다며 보여준다. "즈려밟고" "죽어도 아니 눈물 흘리오리다" 등과 같은 어휘들을 도대체 어떻게 이해하고 폴란드어로 번역했는지 궁금해졌다. 이 시를 읽은 느낌이 어땠냐고 물었더니 '사랑의 슬픔'이 느껴진다는 대답이 돌아온다. 사랑의 슬픔이라는 한 단어로만 이야기하기엔 '진달래꽃'이 가진 상징성이 너무 큰데, 한국인의 감성을 온전히 이해한다는 것이 폴란드 학부생들에게는 무리일 것이다. 겉모습은 부드럽고 가냘프지만 척박한 땅에서도 잘 자라는 강인한 생명력을 지닌 진달래꽃. 모진 삶을 참고 견딘 한 많은 한국 전통 여인을 그들은 진달래꽃에서 상상할 수 있을까?

마침 내가 이들을 만난 날도 지난 시간에 이어 일제강점기 한국 문학 작품을 읽고 있었다. 학생들은 지난 시간에는 이광수의 〈흙〉을 읽었고, 오늘은 이상의 〈날개〉를 읽고 소감을 이야기하는 날이라고 했다. 폴란드 역사책마저 몇 권 안 되는 한국을 생각하면 한국 문학 작품을 읽는 폴란드 학생들이 더 대단하게 느껴진다. 일제강점기 문학을 읽는다기에 나는 한국인이 가장 사랑하는 시인 윤동주의 이름과 그의 시를 칠판에 썼다. 그가 죽은 후 나온 시집 〈하늘과 바람과 별과 시〉의 프롤로그 〈서시〉를 소개했다.

죽는 날까지 하늘을 우러러

한 점 부끄럼이 없기를,

잎새에 이는 바람에도

나는 괴로워했다.

별을 노래하는 마음으로

모든 죽어가는 것을 사랑해야지.

그리고 나한테 주어진 길을 걸어가야겠다.

오늘 밤에도 별이 바람에 스치운다.

_ 윤동주, 〈서시〉

　윤동주의 시가 갖는 내용적 의미를 학생들이 어느 정도 이해했는지는 모른다. 한국어로는 충분하게 상호 소통하고 있다는 느낌을 받지 못했지만 영어 소통은 학생들도 매우 편한 듯했다. 폴란드 학생들은 초등학교 때부터 영어를 배운다고 하는데 자기 생각을 영어로 표현하는 것에 전혀 거리낌이 없어 보였다. 나는 윤동주의 〈서시〉가 쓰인 일제강점기를 소개하면서 폴란드의 독립투쟁 역사 이야기를 꺼냈다. 어쩌면 폴란드와 한국은 독립을 위해 투쟁했던 역사를 공유하고 있기 때문에 '일제강점기 한국문학'에 대한 공감이 가능했을 것이다.

　러시아와 독일 사이에서 독립을 위해 치열하게 싸운 123년의 역사를 가진 폴란드와, 중국·일본 사이에 치여 일제강점기를 맞고 35

▎폴란드 브로츠와프 대학 한국학과 학생들과 함께

▎브로츠와프 대학 한국학과 아그네스 교수

년간 독립을 위해 투쟁한 한국의 역사는 닮은 점이 많다. 또한 1910년부터 1945년까지의 일제강점기 역사는 1·2차 세계대전과 러시아 혁명 같은 거대한 세계사적 사건과 맞닿아 있다. 폴란드의 역사도 세계사적 사건과 무관하지 않은 것이다. 이 나라의 민족시인 미츠키에비치가 폴란드인인가, 벨라루스인인가, 리투아니아인인가 하는 국적논쟁과 윤동주의 한·중·일 국적논쟁은 비슷한 사례이기에 이야기를 꺼내본다. 눈빛이 반짝이는 학생들을 보니 '같은 경험의 공유'가 만드는 공감의 힘이 새삼 더 위대하게 느껴진다. 폴란드와 한국은 지리적 거리는 멀지만 강대국 사이에서 독립을 위해, 민족을 지키기 위해 싸워온 같은 역사를 공유한다는 사실이 심리적 거리를 가깝게 하고 있는 것이다.

아그네스 교수가 지난 시간에 낸 숙제, 이상의 〈날개〉를 어떻게 읽었는지 묻자 여러 가지 답변이 쏟아져나온다. 아그네스 교수는 이상의 작품을 다다이즘과 니힐리즘으로 잘 설명하고 있었다. 나는 덧붙여 이광수의 〈흙〉과 이상의 〈날개〉를 계몽주의와 현실주의 문학 작품으로 소개하고, 순수문학을 넘어 민중 속에서 예술의 길을 찾으려고 하던 당시 문학사조에 대해 추가로 설명했다. 이러한 민중문학의 사조가 러시아 혁명과 브나로드 운동(1870년대 러시아에서 청년 귀족과 학생들이 농민을 대상으로 사회개혁을 이루고자 일으킨 계몽운동. '민중 속으로'라는 뜻으로 우리나라에서도 1930년대에 크게 성행)과도 연결되어 있으며, 당시 미술에서도 러시아의 일리야레핀과 같은 이동파移動派 Peredvizhniki의 탄생으로 찾아볼 수 있음을 이야기했다. 학생들의 답변 중에서 가장 인상적인 것은 아내의 매춘으로 벌어준 돈임을 알려고 하지 않는 주인공의 모습과, 찢어진 날개를 통해 일제강점기 한국이 처한 현실적 모습을 그려낸 것 같다는 의견이었다.

한 세기 전 동아시아라는 작은 땅에서 있었던 역사를 이렇게 먼 땅에 있는 21세기의 학생들이 공감하며 당시 소설을 읽고 있다니! 어떤 문화적 연결성도 갖지 못한 이 먼 땅에서 한국을 이해하려고 애쓰는 학생들의 눈빛이 너무도 고맙게 눈부시다. 학생들이 현대 한국 소설가와 소설책을 추천해달라고 이야기하기에, 일제강점기부터 한국전쟁, 산업화와 민주화, 분단 대한민국을 이해할 수 있는 박경리의 〈토지〉, 박완서의 〈엄마의 말뚝〉, 황석영의 〈장길산〉, 맨부커상을 받은 한강의 〈채식주의자〉 등을 소개해주었다. 이 중, 황석영은 남북한 통일운동에 앞장선 문인임을 강조했다. 이들이 한국문학 수업에서 매주 한국 현대소설을 읽는다는 것은 근현대의 한국과 한국문화, 한국인을 이해하기 위한 노력이다. 이 젊은이들이 졸업 후 그려갈 미래가 하나하나 모여 한국과 폴란드를 이어주는 다리가 될 것이다.

폴란드와 한국의
미래

아그네스 교수의 강의에서 내가 학생들에게 강조한 것은 문학이 가진 힘과 경계를 넘어서는 역사 이해의 필요성이다. 작품을 쓴 시인이나 작가가 어느 나라 사람인지보다 중요한 것은 시대와 국경을 넘어 공감을 만드는 문학의 힘이다. 이 머나먼 땅 폴란드에서 한국 문학을 읽고 일제강점기의 한국을 이해하는 20대 초반의 폴란드 학생들을 보라! 시대, 세대, 국경을 넘어 공감을 만드는 힘이 문학에 있음을, 문학이 가지는 위대하고 놀라운 힘을 체험하는 순간이다.

또 하나 중요한 것은 문학작품에 대한 이해에 있어 국경에 갇힌 역사는 반쪽짜리 이해밖에 안 된다는 점이다. 한국이 일본의 식민지였던 시기를 한반도라는 영토 안에서만 본다면 그 시기 전반을 흐르는 러시아 혁명과 중국 혁명의 영향, 1·2차 세계대전과 같은 거시적이고 세계사적인 시각을 놓칠 수 있다. 한 나라 안에서도 세계를 만나야 하고, 세계 안에서도 한 나라를 만날 수 있어야 한다. 이것이 가능하기 위해서는 국경 중심의 단일국사에서 최소한 지역사의 범위로 역사를 넓혀서 보는 시각이 필요하다. 국경 중심으로 쪼개진 독일사, 러시아사, 폴란드사가 아닌 동유럽이라는 지역사 안에서 세 나라를 유기적으로 보아야 하는 것처럼, 한국문학 역시 한국이라는 영토에서 쓰인 문학으로만 보면 그것은 협소한 이해가 되는 것이다. 학생들이 내 말을 얼마나 정확하게 이해했는지는 모르겠지만, 적어도 한국소설을 읽고 한국을 이해하려고 노력하는 그들을 통해 한국과 폴란드의 밝은 미래를 본다.

폴란드에서 만난 학생들을 통해 미래세대가 그려가는 폴란드와 주변국의 미래를 생각해본다. 협력적 미래의 가장 큰 걸림돌이었던 독일과 폴란드의 관계가 떠오른다. 독일과 폴란드의 관계는 일제강점기를 겪은 한국과 일본의 관계처럼 적대적이었다. 하지만 빌리 브란트 이래 독일 정치인과 국민의 진정 어린 사과와 화해를 통해, 과거를 없던 일로 하는 게 아니라, 과거를 계속 기억하며 협력하는 관계로 발전하고 있다. 동아시아에서는 여전히 요원해 보이는 역사의 화해를 이미 이 두 나라의 미래세대가 함께 앞장서서 하고 있다.

역사의 화해는 정치에서만 끝나는 것이 아니다. 시민사회에서도 이어진다. 예컨대, 2005년 독일과 폴란드에서 온 100명의 젊은이는 역사를 바로 보기 위해서 파리에서 베를린, 바르샤바에 이르는 3000km의 여행을 시작했다. 이 여행을 '트리뎀 랠리'라고 한다. 이 여행에 참석한 사람들은, 두 명이 한 대의 자동차를 타고 제2차 세계대전 당시 나치 치하에서 신음하던 파리 노트르담 대성당 앞에서 출발하여 과거의 가해자와 피해자로 돌아가 역사의 현장으로 떠나는 2주간의 여정을 함께한다. 서로를 이해하기 위한 시작이자, 더 나은 세상을 위한 미래세대의 약속인 셈이다. 한발 앞서 미래를 그려가고 있는 독일과 폴란드의 모습이 부러울 따름이다. 이 미래세대의 희망이 언젠가 동아시아에도 전해질까? 이 젊은이들이 만들어낸 위대한 화해의 여행이 언젠가 동아시아에도 미래세대를 통해 이루어질 수 있기를, 그리하여 빙하같이 얼어 있는 한·중·일에도 폴란드의 햇살이 전해지기를 기도한다. 브로츠와프의 춥지 않은 날씨가 폴란드의 마지막 밤을 선물하고 있었다.

04

폴란드와 발트 3국이
부르는 평화의
노래

발트 3국의 슬픈 운명

천사의 하얀 눈물방울이 빛나는 별처럼 반짝거린다. 자작나무 가지마다 맺힌 눈물방울은 햇살 아래 새하얀 눈꽃으로 피어난다. 그렇게 시리도록 찬란한 하얀 겨울왕국이 상트페테르부르크에서 에스토니아로 가는 길에 끝없이 펼쳐지고 있다. 햇살에 빛나는 눈꽃보다 더 찬란한 하얀 슬픔을 안고 있는 발트 3국 중 한 나라, 에스토니아. 러시아 국경지대에서 검문을 받으니 비로소 국경을 넘는다는 실감이 난다. 에스토니아는 러시아 옆에 붙어 있는 작은 세 나라, 발트 3국 중 하나다. 직접 와보지 않았다면 지도 어디에 있는 나라인지조차 모르고 살았을 곳이다. 구소련 연방이었기 때문에 에스토니아는 러시아에 가까울 것이라 생각하지만 사실 에스토니아는 러시아보다는 북유럽 핀란드와 더 가깝다. 집집마다 사우나 시설을 가지고 있는 것만 봐도 그렇다. 에스토니아는 핀란드 헬싱키와는 배로 1시간

▌끝없이 펼쳐진 눈꽃

반 거리에 있다.

러시아 상트페테르부르크에서는 버스로 6시간 정도면 도착한다. 장거리 버스라 걱정했는데 생각보다 너무 편해서 놀랐다. 비행기 같은 버스였다. 버스 안에 화장실이 있는 것은 물론, 와이파이도 잘 잡혀서 이동하는 내내 편하게 작업을 하고 인터넷을 사용했다. 스카이프Skype가 에스토니아에서 만든 것임을 아는 사람은 많지 않을 것이다. IT강국답게 이동하는 버스에서도 무선 인터넷을 마음껏 사용할 수 있는 것이다. 하지만 무엇보다 버스 여행이 즐거웠던 것은 타고 가는 동안 펼쳐지는 창밖 풍경 때문이었다. 천사의 하얀 눈물이 만든 겨울왕국을 지나 버스는 6시간 동안 아름다운 중세도시를 간직한 에스토니아의 수도 탈린Tallinn으로 향했다.

13세기 중세의 모습을 고스란히 담고 있는 '유네스코 지정 문화유산' 탈린 구도심! 이곳은 단 한 곳도 같은 간판이 없는, 다양성이라는 무질서 안에 질서정연한 아름다움을 간직하고 있는 지역이다. 마치 영화 속 동화의 나라를 연상시키는 좁은 도로와 계단, 오래된 석탑이 중세의 모습을 어렴풋이 상상하게 한다. 중세의 모습을 그대로 간직하고 있는 탈린 구도심은 소박한 상점과 거리 곳곳에도 기품이 넘친다. 누구도 흉내 낼 수 없는 소박한 아름다움이 올드타운 전체를 감싸고 있다. 탈린 올드타운 메인센터에 있는 크리스마스트리는 지금까지 본 트리 중 가장 아름다웠다. 트리의 규모와 장식도 훌륭했지만, 트리를 돋보이게 하는 주변 환경과 문화유산은 단연 압권이었다. 추위만 아니라면 하루종일 걷고만 있어도 마냥 행복해질 것 같은, 아무 걱정도 근심도 없을 것 같은 이 천사의 도시는 1990년까지 소련에 편입된 땅이었다. 독립된 하나의 국가가 된 지는 아직 30년도 채 되지 않았다. 지금의 '에스토니아'라는 국가를 온전히 이루기까지 그들에게도 수많은 어려움과 고통의 날들이 있었다. 어쩌면 그 고통의 시간만큼 온전히 지켜본 저 하얀 눈물방울은 그래서 더 슬프게 아름다운 것인지도 모른다.

사실 발트 3국의 역사가 모두 그렇다. 러시아의 서쪽 끝에 붙은 세

▌ 눈 내린 탈린의 구시가지

▌ 탈린 광장과 크리스마스트리

┃ 탈린의 올드시티

나라, 에스토니아·라트비아·리투아니아는 모두 20세기 들어와서야 독립을 이룬 작은 나라들이다. 대부분의 사람들에게는 위치와 이름마저도 생소하다. 러시아와 가깝고 긴 세월 영향을 받았으니 문화적으로 비슷할 거라 생각했는데, 막상 와보니 러시아와는 다른 인종과 문화가 느껴진다. 발트 3국끼리는 따로 비자 규정이나 국경 검문도 없다. 잠시 옆집을 들르는 것 같다. 러시아에서 에스토니아로 국경을 넘을 때는 경찰이 마약 탐지견까지 끌고 버스에 올라와 짐 수색을 했는데, 에스토니아에서 라트비아, 라트비아에서 리투아니아로 넘어갈 때는 언제 국경을 지났는지도 모르게 지나간다. 물론 검문이나 출입국 도장도 없다. 그어놓은 국경의 경계가 무색할 지경이다.

그러고 보면 경계라는 것도 관념이 만든 의식일 뿐이다. 나와 너를 가르는 선을 경계라 이름 붙여도 그곳을 늘 지나는 이들이 경계라 느끼지 않으면 나와 너라는 구별도 존재하지 않는 것이다. 발트 3국의 경계는 그랬다. 국경을 지나 다니는 이들에게 발트 3국 간의 '경계'는 나와 너를 구별하는 의미가 아니라 도시의 경계를 나누는 지리적 표지일 뿐이다.

발트의 길을 따라 에스토니아에서 라트비아로, 그리고 리투아니아로

에스토니아와 바로 인접한 국경에 있는 또 다른 작은 나라가 바로 라트비아다. 라트비아도 에스토니아와 비슷하게 제2차 세계대전 이후의 흉터가 여전히 남아 있다. 라트비아에 남아 있는 러시아 유민과 현지인들의 보이지 않는 갈등이 지속되고 있기 때문이다. 라트비아의 수도 리가Riga의 터미널로 들어가면서 보이는 전반적인 도시 느낌은 매우 어두웠다. 수도원이나 교회조차 감옥으로 사용되었다는 구소련 시절을 떠올리게 한다. 터미널에 내려 택시를 잡고 예약한 숙소로 이동했다. 택시기사는 스탈린이 통치했을 때 얼마나 고통스러웠는지를 가는 내내 강조해서 말했다. 도심의 어두운 분위기만큼이나 실감나는 전달이었다.

올드타운에 들어선 쇼핑센터와 맥도널드, KFC를 보면 라트비아도 EU 회원국이라는 걸 실감하게 된다. 그러니까 완전한 유럽도 아니고 그렇다고 러시아의 일원도 아닌 그 어디쯤의 '불완전한 상태', 그 애매한 상태가 지금의 라트비아다. 라트비아는 앞으로 정치적·사회적으로 결정할 일들이 많을 것이다. 수많은 선택의 기로에서 라트비아는 독립 후 어떤 미래를 만들어가게 될까? 무엇보다 라트비아는 주변국인 에스토니아나 리투아니아에 비해 대학의 역사가 짧다. 라트비아 최고의 대학인 라트비아 대학은 아직 역사가 100년도 넘지 않았다. 주변 에스토니아나 리투아니아의 대학이 500년 정도의 역사를 가진 것에 비하면 매우 부족하다. 얼마 전 뉴스 기사에서 라트비아의 대학에도 한국학 과정이 생겼다는 기사를 본 적이 있다. 우리나라와 함께 협력할 부분이 점점 늘어나길 희망한다.

이른 오전, 라트비아에서 또 하나의 발트 3국 리투아니아의 수도

▌라트비아 리가의 중세풍 거리

빌뉴스까지 가는 버스표를 사기 위해 서둘러 움직였다. 리가에서 리
투아니아의 수도 빌뉴스까지 가는 버스는 한 시간에 한 대씩 있다.
그만큼 발트 3국은 옆 동네처럼 가깝게 교류하고 있는 것이다. 국경
을 넘는 차가 아니라 시외버스 행렬을 보는 것만 같다. 라트비아에
서 리투아니아로 버스로 가는 내내 눈이 그치지 않았다. 처량하고
쓸쓸한 설원에 겨울나무만이 외로이 그 자리를 지키고 있다. 끝없는

평원이 가는 길 내내 이어진다. 집도 거의 보이지 않는다. 창문 밖에 펼쳐진 끝없는 평원을 볼수록 의문이 떠나지 않는다. 도대체 이 넓은 땅 전체를 발트 3국 사람들은 어떻게 하나의 '인간띠'로 이었을까? 어떻게 이들은 1989년 8월 9일, 인류의 역사를 새로 쓴 것일까? 그리고 마침내 러시아로부터 독립을 쟁취한 것일까?

자유와 독립을 향한 노래혁명

나는 지금 '기적'의 현장에 서 있다. 1989년 8월 9일 저녁 7시, 리투아니아 수도 빌뉴스의 게디미나스 동상 앞 광장에 수많은 사람이 모여든다. 게디미나스 언덕 아래 대성당 흰색 종탑에서 시간을 알리는 종소리가 광장으로 울려 퍼진다. 시민들은 손에 손을 맞잡고 함성을 외치며 이어서 노래를 부르고 있다. 구소련 연방으로부터 독립을 원하는 발트 3국의 200만 시민들이 한날 한시각에 무려 600km에 이르는 길에 손에 손을 맞잡고 인간띠를 만들어 탱크의 진압에도 굴하지 않겠다는 결연한 의지를 보이고 있다. 현장에 있는 한 여성을 만났다. 그에게 물었다.

"왜 독립을 원하십니까?"

애매한 웃음기를 띠며 그가 대답했다.

"왜 독립을 원하냐구요? 우리는 자유를 원하기 때문입니다. 시내

모처에서 우리를 감시하는 KGB에 한번 가보세요. 스탈린 시대의 강압통치가 어떤 것인지 금방 알 수 있을 겁니다."

"삶의 조건을 변화시키길 원하는 건가요? 구소련 연방시대에 먹고사는 문제가 해결이 안 된 것인가요?"

그러자 이 여성의 쓸쓸함이 담긴 목소리가 되돌아왔다.

"공산주의는 그 자체가 비효율인 체제입니다. 억압으로부터의 자유, 그리고 궁핍으로부터의 자유, 이것은 세계 모든 인민이 추구하는 기본권 아닙니까. 그래서 우리가 '발트여, 일어나라'를 외치고 있는 것입니다."

맞잡은 손이 전하는 따뜻한 온기가 심장을 타고 흐른다. 200만 명의 터질 듯한 심장박동 소리가 600*km*에 달하는 발트 3국의 길 위를 겹겹이 덮고 있다. 끝이 보이지 않는 사람들의 긴 행렬 위로 뜨거운 침묵이 전해진다. 저녁 7시, 50년을 쌓아둔 오랜 침묵 속에 잠을 깬 함성이 국경의 경계를 넘어 전 세계로 전해진다.

라이스베스Laisves!

브리비바Briviba!

바바두스Vabadus!

두려움과 공포를 누르고 있던 거대한 침묵이 그 어떤 총탄 소리보다 더 큰 폭발음을 내며 터져 나오는 순간이다. 서로 다른 발트 3국의 언어로 말하는 단 하나의 단어 '자유'. 뜨거운 함성이 어제는 상상할 수 없는 오늘의 역사를 만든다. '자유'라는 인류 보편가치를 위한 연대의 힘이 세상을 바꾸는 순간이다. 그리고 마치 약속이나 한 듯 맞잡은 두 손 위로 희망의 노래가 들려온다. 한두 명의 목소리에서 불리는 노래가 이제 뜨거운 온기를 타고 발트의 길 600km로 이어진다. 노래는 모든 국경의 경계를 넘어 거대하고 아름다운 합창 소리가 되어 모두를 하나로 만든다. 공포와 궁핍으로부터의 자유 앞에 국경의 경계는 무의미해진다. 점점 더 커지는 노랫소리가 하나의 거대한 울림통이 되어 전 세계에 퍼져나가는 순간이다. 발트 3국의 노래혁명이었다.

일어나라 발트 국가들아, 일어나라 발트 국가들아
에스토니아야! 라트비아야! 리투아니아야!

_ 〈The Baltics are waking up!〉

1989년 8월 23일, 누구도 가능하리라 생각하지 못했던 일이 현실이 되어 역사를 바꾸었다. 각국 정부 관료 몇 명이 공무를 위해 모인 것이 아니다. 발트 3국 200만 명 이상의 사람들이 리투아니아에서 에스토니아까지 인간띠를 만들어 선 것이다. 누가 시켜서 한 일도 아니었다. 자유를 향한 갈망이 국경의 경계를 넘어 기적을 만드는 순간이었다. 발트의 남쪽 끝인 리투아니아 빌뉴스에서 시작된 그 인간띠는 산을 넘고 강을 건너 북쪽 끝인 에스토니아 탈린에서 발트해 해안에 닿았다.

1989년 8월, 자유를 위한 인간띠를 만든 발트 3국 사람들

인구밀도가 세계에서 가장 낮은 발트 3국은 도시 간 거리가 상당하다. 도시를 조금만 벗어나도 끝도 없이 숲과 평야가 펼쳐진다. 그런 숲과 평야 한가운데까지 사람들이 모였다. 사람들은 마을도 없는 숲과 평야에서까지 떨어지지 않고 인간띠를 만들었다. 그 도로 위에 선 사람들 위로 민간 비행기가 선회했다. 상공에서 그 역사적인 장면을 촬영했고 사람들은 국가를 부르며 국기를 흔들었다. 그리고 저녁 7시, 인간띠를 이루고 있던 200만 명의 사람들이 동시에 손을 잡고 "자유"를 외쳤다. 그 간절한 소망의 외침은 15분 동안이나 계속되었다. 그들이 서 있는 자리는 이제 어제와 다른 길이었다. 어제는 상상할 수 없는 오늘이 된 15분, 그 순간 600km라는 숫자로만 존재하던 길은 지금껏 단 한 번도 본 적 없는 의미를 만들어낸다. 빌뉴스에서 리가, 탈린을 남북으로 연결하는 600km가 새로운 역사, 자유를 향한 발트의 길로 다시 탄생한 것이다. 이제 그 기적의 현장은 'Baltic Way'(발트의 길)라고 불리는 위대한 역사가 되어 전 세계에 깊은 울림과 감동을 전하고 있다.

비폭력 시위의 힘,
세계를 바꾸다

사람들이 서로 손을 맞잡고 옆으로 긴 행렬을 짓는 집단행동을 흔히 '인간띠Human Chain'라고 부른다. 이 행위를 하는 목적은 여러 가지가 있으나, 주로 정치적 의사를 표현할 때 큰 효과를 발휘한다. 권력에 대항하는 시민은 아무런 물리력을 보유하지 못해 일방적으로 몰리기 쉽다. 혼자는 더욱 취약하다. 몽둥이 하나에도 쉽게 쓰러진다. 그런데 이때 한 사람 한 사람이 모여 '함께' 손을 잡으면 그것은 그 무엇보다도 강력한 방어벽이 된다. 권력의 총칼에 쉽게 무너질 수 없는 강력한 힘을 만든다. 연대가 만드는 힘이다. 그것은 몽둥이도, 물대포도, 심지어 총검이나 탱크까지도 쉽게 허물지 못한다. 손에서 손으로 전해지는 사람의 따뜻한 체온이 총검보다 더 뜨거운, 세상에서 가장 아름다운 저항의 무기가 된다.

가장 원초적이고도 민주적인 이 의사표시 방법은 인류 역사에서도 특히 20세기 후반 들어 중요한 시민운동 방법으로 자리 잡기에 이르렀다. 1983년 영국 버크셔에서는 미국이 서독에 핵미사일을 배치하는 것에 대한 항의로 8만 명이 모였다. 1999년 포르투갈 리스본에서는 동티모르의 폭력 종식을 촉구하면서 30만 명이 20km 거리를 둘러섰다. 2004년 타이완에서는 1947년 2월 28일에 있었던 대만 현지인 학살사건을 기억하고 타이완을 향한 중국 미사일에 항의하기 위해 200만 명이 500km 거리를 에워쌌다. 2008년에는 이스라엘의 가자 지구 봉쇄에 항의하는 2만 명의 인간띠가 있었다. 그러나 세계의 수많은 인간띠 시위 중에서도 '발트의 길'은 그 규모와 성과 면에서 단연 압도적이다. 이 사건은 2009년 유네스코 기록문화유산에 등재되었다.

비폭력 시위가 가지는 힘은 위대하다. 세상에서 가장 나약해 보이는 방법으로 가장 강력한 무기를 만들 수 있다니 얼마나 솔깃하고 매력적인 방법인가. 그러나 그것은 결과적인 부분일 뿐 실제로 비폭력 시위가 가지는 가장 큰 힘은 '원한을 원한으로 갚지 않으려는 마음'에 있다. 그리고 바로 이 마음이 무력으로 무장하고 있는 공포를 스스로 이겨내는 힘이다. 인도의 독립운동을 이끌었던 간디는 비폭력 무저항운동으로 영국에 맞섰다. 미국의 마틴 루서 킹 역시 인종차별에 대항해서 그 어떤 폭력도 배제한 저항을 하겠다고 천명했다. 총칼 앞에 금방 무너질 것 같은 사람들 하나하나가 원한을 버리고 함께 모인 순간, 그들은 총이 뚫어낼 수 없는, 세상에서 가장 강력한 방어벽을 만들어낼 수 있던 것이다.

1989년 8월 23일, 세계는 발트 3국이 만드는 비폭력 저항, 인간 띠 혁명이 과연 성공을 거둘 수 있을 것인지 숨죽인 채 지켜보고 있었다. 그 성공 여부가 인류 역사를 바꿀 수 있다는 희망 때문이었다. 그런데 언어가 다른 세 나라는 과연 이 거대한 인간띠를 어떻게 성공시킬 수 있었을까?

세 나라의 수도를 모두 인간사슬로 연결하려면 3국에서 각각 20만 명이 필요했다. 이 행사를 조직한 사람들은 처음에 150만 명의 참여를 기대했는데, 행사 후 로이터 통신 등 언론에 의하면 에스토니아 70만 명, 라트비아 40만 명, 리투아니아 100만 명으로, 200만 명을 훌쩍 넘는 규모였다고 한다. 3국의 전체 인구 800만 명 중에서 25~30%가 참여한 것이다. 발트 3국은 인구밀도가 매우 낮은 지역이었기에 더욱 놀라운 일이었다. 운동가들은 사슬이 빈틈없이 연결되도록 하기 위해 세심한 계획을 짰다. 운송수단이 없는 사람들을 위해 무료 버스를 준비했고, 시골 사람들을 숲과 평야로 불러내기 위해서 갖가지 방안을 도출해냈다. 라디오 방송국들은 참여를 독려하는 특별방송을 하며 협조해주었다. 에스토니아에서는 아예 그날을 공휴일로 선포하기까지 했다. 7시에 맞추어 모든 도시와 마을의 교회 및 성당들은 종을 울렸다. 나이가 너무 많거나 어려서 현장에 나가지 못한 이들은, 하루종일 집에서 라디오를 들으며 기다리다가 7시 신호를 듣는 순간 주변에 있는 사람들과 손을 잡고 노래를 부르거나 춤을 추었다.

15분간의 인간띠 잇기가 끝난 후 지역별로 수많은 행사가 이어졌다. 리투아니아 빌뉴스에서는 5000여 명이 대성당 광장에 모여 촛불을 켰다. 다른 지역의 목사와 신부들도 종교집회를 열고 교회와 성당의 종을 울렸다. 에스토니아와 라트비아의 지도자들은 두 나라의 국경 지역에 모여 상징적인 장례식 행사를 가졌다. 그곳에서는 커다란 검은 십자가에 불을 밝혀놓았고, 사람들은 각자 촛불과 소련 강점 이전 시대의 국기를 들고 모였다. 그 국기에는 소련이 저지른 테러행위에 의해 희생된 이들을 추모하는 검은 리본이 둘러졌다.

이 행사는 언론을 통해 전 세계로 전파됐다. 서유럽의 TV 방송국이 비행기를 타고 공중에서 인간띠의 생생한 모습을 중계방송했다. 세계인은 발트 3국 편이 되어 응원을 보내기 시작했다. 소련은 세계의 여론에 밀려 감히 무력진압을 하지 못했다. 발트의 길은 대성공이었다.

동유럽 해빙을 만든
주변 정세

발트 3국에서 일어난 그 사건을 더 잘 이해하기 위해서는 먼저 당시 동유럽의 국제정세 변화를 이해해야 한다. 20세기가 저물면서 미국과 소련을 정점으로 한 양극체제도 허물어져갔다. 우리가 흔히 '소련'이라고 불렀던 '소비에트사회주의공화국연방USSR, Union of Soviet Socialist Republics'은 1922년 태동하여 종주국인 러시아를 비롯한 15개의 공화국으로 구성되어 있었다. 발트 3국은 1940년에 마지막으로 소련에 합류했다. 동유럽 해빙은 소련 내부에서 일어난 정책 변화로 시작되었다. 마지막 철권통치주의자였던 레오니트 브레즈네프가 1982년 사망하고 후임 유리 안드로포프와 콘스탄틴 체르넨코마저 사망한 후, 1985년 54세의 미하일 고르바초프Mikhail Gorbachev가 최연소 공산당 서기장이 되었다.

고르바초프는 개혁·개방정책인 페레스트로이카·글라스노스트를 표방했다. 그는 언론자유·정치비판·종교활동을 허용하는 등 내부 민주화를 추진하면서, 대외적으로도 유연한 정책을 폈다. 고르바초프는 "동유럽 국가들도 개혁이 필요하며, 다른 사회주의 국가가 위협을 받을 경우 소련이 무력간섭을 할 권한이 있다는 브레즈네프 독트린은 더 이상 효력이 없고, 각국은 자기 운명을 스스로 책임져야 한다"고 공개석상에서 선언했다. 또한 1988년 UN에서 소련 동맹국들이 독자적 노선을 취하도록 허용하겠다고 연설하기도 했다.

▍"고마워요, 고르바초프DANKE, GORBI!"라는 문구가 새겨진 베를린장벽(고르바초프는 1989년 10월 동독을 방문한 자리에서 동독의 개혁을 요구했다)

이에 따라 이미 동유럽 국가와 민족들 사이에서 심상치 않게 불던 독립의 바람이 더욱 거세지기 시작했다.

1989년 4월, 폴란드는 자유선거를 실시하고 레흐 바웬사를 대통령으로 하는 비공산당 정부를 수립했다. 이 자유선거에 의한 민주정부의 바람은 헝가리, 체코슬로바키아로 전파되었다. 비교적 후진국이었던 불가리아와 루마니아도 공산당을 무너뜨리고, 소련의 영향력에서 멀어져갔다. 1989년 12월 25일에는 루마니아의 독재자 니콜라에 차우셰스쿠Nicolae Ceausescu가 군중에 잡혀 총살당하는 사건이 벌어졌다. 독일에서는 1970년 빌리 브란트의 동방정책 이래 꾸준한 노력이 결실을 맺어 1989년 11월 9일 베를린장벽이 무너지고, 1990년 8월 독일 통일이 이루어졌다. 소비에트연방을 구성하는 공화국들에서도 독립을 위한 시위와 무력충돌이 일어났다. 그루지 아(현 조지아), 우크라이나, 아제르바이잔, 아르메니아 등 여러 곳에서 민족자결운동이 펼쳐졌는데, 그중 가장 대표적인 것이 바로 발트 3 국의 혁명이었다. 소련 중앙정부는 연방 소속 공화국들에게 자유와 민주화를 허용하기는 하더라도, 끝내 소비에트연방이 해체되고 각 공화국이 독립하는 것만은 막으려 했으나, 한 번 터진 민족자결주의 에 입각한 독립의 흐름은 멈출 수가 없었다.

소련 내부에서는 1989년 고르바초프가 신설된 대통령에 선출되 고, 1991년 보리스 옐친Boris Yeltsin이 소련 내 공화국 중 최대 공화 국인 러시아 공화국의 대통령으로 선출되었다. 그해 8월 19일 소련 의 공산당 강경파 일부가 쿠데타를 일으켜 고르바초프의 사임을 요 구하고 그를 연금했다. 그러나 민주화가 진행 중인 소련의 사회 분 위기는 쿠데타에 부정적이었다. 옐친을 필두로 하는 개혁파 인사들 과 지지 시민들이 모스크바 의사당에 진입한 군부에 맞섰다. 의사당 을 포위한 쿠데타 세력은 8월 21일 공격을 시도했으나 시민들의 육 탄저지에 막혀 좌절되었다.

결국, 쿠데타는 주동자들이 체포되면서 '삼일천하'로 끝났고 고 르바초프는 권좌에 복귀했다. 그러나 이미 고르바초프의 리더십은 큰 상처를 입었고, 강경 개혁파이며 소련 해체론자인 옐친의 시대가 도래했다. 그해 10월, 러시아를 포함한 소속 공화국들은 소련이 더 이상 존재하지 않는다고 선언했고, 12월에 소련 해체가 공식선언되 면서 고르바초프도 소련 대통령 사임 연설을 했다.

이로써 69년간 존속해왔던 소비에트연방은 해체의 운명을 맞이했다. 소비에트연방에 속해 있던 15개 공화국 중에서 발트 3국을 제외한 12개 공화국들은 '독립국가연합CIS, Commonwealth of Independent States'이란 공동체를 구성했지만, 이는 과거와 같은 강력한 연방이 아니라 독립국들의 느슨한 연합이었다. 이 독립국가연합 중 한 공화국인 '러시아연방Russian Federation'이 현재의 러시아다. 결국 동유럽 각국과 소련 내부의 에너지가 상승작용을 일으켜 총체적인 변화를 초래한 것이다. 그 결정적 시기에 만약 소련이 브레즈네프 독트린을 고수하여 독립을 요구하는 국가와 민족을 탄압했다면, 역사의 진전은 장벽에 가로막혔을 것이고, 설사 이루어졌다 해도 크나큰 희생이 따랐을 것이다. 그런 의미에서 고르바초프란 인물은 역사적으로 중요한 의미가 있다. 이런 국제정치적 배경에서 발트 3국의 혁명도 당시 동유럽 해빙의 물결 안에서 이루어진 사건이었다.

리투아니아 광장:
평화의 노래는 한반도까지
울려 퍼질 수 있을까?

리투아니아는 폴란드와 유대교, 러시아 정교의 영향이 깃든 세계적인 문화유산 덕분에 도시 전체가 거대한 박물관 같은 분위기를 준다. 하지만 그중에서도 무엇보다 이 도시가 아름다운 건 발트 3국의 새로운 역사의 시작점이 된 광장이 있기 때문이다. 빌뉴스 대성당과 57m 높이의 흰색 종탑이 있는 이 광장에는 '기적stebukleas'이라는 글이 새겨진 동판이 있다. 바로 인간띠의 역사가 시작된 지점을 기념하기 위해 세운 동판이다.

어젯밤부터 내린 눈이 길에 제법 쌓여 거리는 온통 하얀 설국이 었다. 인간띠의 역사가 시작된 지점을 찾기 위해 광장으로 나선다. 새벽부터 눈을 치우기 위해 동원된 차들이 바삐 움직이고 있다. 개 디미나스 언덕을 뒤로 하고 대성당과 종탑이 작은 공원과 어우러진 광장은 시민의 휴식처 같다.

일반적으로 광장이 주는 위압감도 없고 평온하고 한적한 공원 같 은 느낌이다. 이 어딘가에 1989년 독립을 위한 발트 3국 인간띠 현 장의 시작점을 표시한 동판이 있다. 마치 보물찾기를 하듯 눈으로 덮인 바닥을 뒤졌다. 마침 타일 바닥을 쓸고 계신 분이 있어 사진을 보여주고 물었더니 금방 위치를 알고 찾아주신다. 보통 누군가의 업 적을 기리는 기념 비석은 크게 세워져 있어 누구나 찾기 쉬운데 이 위대한 역사의 시작점을 기념하는 비석은 '일상'처럼 소박하기만 하 다. 200만 명의 평범한 사람들이 만들어낸 기적 같은 역사, 그러나 그 기념물은 눈 내린 거리에선 어디 있는지 찾기조차 어렵다. 사람 들이 매일 드나드는 거리에 붙인 수천 개의 타일 중 하나이기 때문 이다.

이 위대한 역사에 이토록 소박한 기념물이라니! 그런데 이 기념 물은 지금까지 본 그 어떤 위령탑이나 거대한 영웅 조각상보다 더

▎빌뉴스 대성당 앞 광장

▎'STEBUKLAS(기적)'가
새겨진 광장 바닥 타일

큰 울림과 감동을 전한다. 이 기념물에 적힌 단 한 단어 – '기적'은 '발트의 길'이 세계에 전하는 메시지다. 그들이 전하는 기적은 위대한 왕이 만든 업적이 아니라 평범한 사람들이 만든 희망의 노래다. 역사를 바꾸는 힘은 한 사람의 통치 업적에 있는 것이 아니라 평범한 사람들의 희망 안에 있음을 발트 3국은 이 소박한 동판에 담아둔 것이다. 나는 인간띠 현장의 출발을 기념하는 동판 앞에서 기도했다.

발트 3국에 퍼졌던 그 '자유'의 외침만큼이나 간절한 평화의 함성이 분단된 한반도에도 전해지기를, 그 뜨거운 함성이 철조망을 넘어 북한까지 따뜻한 온기로 전해줄 수 있기를, 언젠가 한반도에도 남북한 시민들이 손을 잡고 휴전선을 넘어 한라에서 백두까지 인간띠를 두르고 평화의 노래를 부를 날이 오기를, 평화에 대한 희망이 일상의 기적처럼 온누리 모두의 마음속에 가득하기를, 나의 간절한 기도가 발트 3국에 내리는 눈만큼 고요하지만 찬란하게, 일상처럼 소박하지만 아름다운 노래가 되어 유라시아의 저 끝 한반도까지 전해지기를.

가볼 곳

붉은 광장
넵스키 수도원
페트로파블롭스크 요새

만날 사람

레닌
임마누엘 칸트
알렉산드르 넵스키
표트르 대제

❝영구 평화는 절대 공허한
이념이 아니라,
점진적으로 해결하면서
지속적으로 목표에 접근해
갈 하나의 과제다**❞**
— 임마누엘 칸트

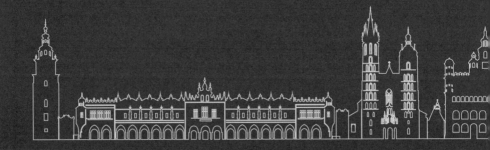

러시아

피와 눈과
변혁의 나라

01

붉은 광장에서 러시아 혁명의 역사를 보다

혁명의 불꽃,
레닌을 만나다

모스크바의 2월 바람은 상상을 뛰어넘는다. 차가운 눈바람이 숨 고
를 틈도 없이 얼굴에 부딪힌다. 나폴레옹이 러시아의 추위를 알았더
라면 역사는 또 달라지지 않았을까? 그런데 이 추위가 아이러니하
게도 모스크바의 여성들을 더욱 아름답고 빛나게 만든다. 모피코트
에 멋들어진 모자, 그리고 롱부츠를 신은 여성들이 아르바트 거리를
걷는 모습을 보면 여성인 내가 봐도 품격과 아름다움이 느껴진다.
그러나 내가 만나고 싶은 것은 미인이 아니라 바로 레닌이다. 나는
불꽃같은 삶을 살다 간 혁명가 블라디미르 레닌을 찾아 모스크바의
심장, 붉은 광장으로 나선다.

모스크바의 심장, 붉은 광장! 크렘린 성벽을 두고 빨간 벽돌의 국
립역사박물관과 조국전쟁박물관이 시선을 압도한다. 그 양옆으로 양

파 모양의 건축으로 너무도 유명한 바실리 성당과 굼 백화점이 '성'
과 '속'을 대비시키며 조화롭게 자리 잡고 있다. 나폴레옹 전쟁 승리
를 기념해 지은 역사박물관을 지나 광장을 가득 채운 붉은 벽돌과 하
얀 눈 사이를 걷는다. 이 추운 날씨에도 관광객들은 바실리 성당을 배
경으로 사진 찍기에 여념이 없다. 중국 관광객이 유난히 눈에 많이 띈
다. 붉은 광장 중앙에는 러시아 혁명의 리더 레닌의 검붉은 대리석 무
덤이 있다. 차르 체제를 무너뜨린 인류 최초의 사회주의 혁명! 나는
혁명가 레닌을 만나기 위해 그의 무덤 앞에 섰다. 러시아 혁명이 일어
난 지 100년이나 지났지만, 그는 지금도 여전히 그의 전 생애가 그러
했듯 혁명의 '이스크라'(불꽃)가 되어 러시아를 지키고 있다.

1917년 러시아 볼셰비키 혁명은 제정 러시아를 무너뜨리고 러시
아의 제1차 세계대전 참전을 중단시키며 마르크스-레닌주의로 가
는 문을 열었다. 러시아 혁명 100년이 지난 오늘날, 혁명에 대한 평
가는 관점에 따라 다를 것이다. 분명한 것은 마르크스-레닌주의 실
험은 70년이 흐르는 동안 대실패로 끝났다는 것이다. 오늘날 러시
아인 중에 스탈린 시대로 돌아가고 싶은 사람이 몇이나 될까? 소시
지와 흑빵 배급을 받기 위해 몇 시간 줄을 서야 했던 분배경제체제,
그리고 화장지 같은 생필품조차 없는 계획경제를 경험한 러시아인
들이 페레스트로이카와 글라스노스트(개혁·개방) 이외에 또 어떤 길
을 택할 수 있었을까?

그러나 러시아 혁명은 끝나지 않은 혁명이다. 그것은 실패로 끝
났지만 그 순수 이념은 인류사에 큰 의미를 주고 있다. 오늘날 세계

가 실현하고자 하는 복지국가의 원형이 공산주의 이념 속에 살아 있기 때문이다. 오슬로 대학 박노자 교수는 "한국을 포함한 전 세계 좌파의 가장 근본적인 요구는 무상의료, 무상교육, 노동자들의 경영 참여인데, 이 요구를 최초로 실현한 것이 러시아 10월혁명"이라고 말한다. 그는 또한 "복지국가 건설을 일찌감치 이루어내고 완전고용을 실시한 10월혁명 이후 소련과의 체제경쟁이 아니었다면, 과연 서구 등지에서 복지개혁이 가능했을까?"라고 물으며 러시아 혁명이야말로 "20세기를 규정한 세계 최대의 역사적 사건"이라고 평가했다. 그러면서 "우리는 여전히 10월혁명의 연장선상"에서 살고 있음을 강조한다. 역사학자 한정숙 교수는 또 다른 각도에서 러시아 혁명을 평가하고 있다. 한 교수는 "러시아 혁명은 무수한 피를 흐르게 한 것 못지않게 많은 잉크도 흐르게 했다"는 표현으로, 러시아 혁명을 가능하게 한 사상과 이데올로기가 얼마나 인류의 지성사에서 많은 논쟁과 담론을 만들었는지 강조했다(이상 박노자·한정숙 외,《러시아는 우리에게 무엇인가》, 신인문사). 그렇다면 도대체 1917년의 러시아 혁명은 어떤 배경에서 생겨났으며, 인류 역사에 어떤 의미를 가지는가?

러시아 혁명의 배경

1917년 러시아 혁명은 러일전쟁 패배와 '피의 일요일' 사건, 그리고 제1차 세계대전을 겪은 민중의 의지와 열망이 만든 거대한 장편 서

러시아 모스크바의 붉은 광장

사시이다. 이 대서사시를 1917년이라는 한 시점에 우연히 일어난 단일 사건으로만 보면 러시아 민중이 만들어낸 거대한 '지성사적 실험'을 충분히 이해할 수 없다.

러시아 혁명은 '전제군주 주도의 개혁'이라는 구조적 한계 속에서 시작되었다. 19세기 후반, 세계는 근대화를 위한 개혁의 물결이 가득했다. 러시아도 예카테리나 여제와 같은 계몽군주가 점진적 개혁을 실행하는 중이었지만, 철저한 전제군주 주도의 개혁에는 한계가 있을 수밖에 없었다. 왕의 권한과 민중의 혜택은 비례할 수 없기 때문이다. 전제정치하에서 사회구조를 바꾸는 개혁은 어려웠다. 러시아의 지식인과 학생들은 사회개혁을 요구했지만, 러시아 마지막 황제 니콜라이 2세는 근본적인 개혁 요구에 귀를 닫았다.

이런 상황에서 1904년 2월, 러일전쟁이 발발한다. 러시아 제국이 점유하고 있던 청나라의 뤼순항을 일본이 기습공격한 것이었다. 서방의 많은 국가가 러시아의 승리를 예상했지만 전쟁은 예상을 깨고 일본의 승리로 끝났다. 전쟁 패배로 러시아 왕실과 정부에 대한 국민의 불만은 더욱 거세졌다. 그로부터 1년 후인 1905년 1월 22일, 마침내 러시아 정교회 사제의 주도로 개혁을 요구하는 민중운동이 일어났다. 가폰 신부를 필두로 수많은 노동자와 그 가족들이 상트페테르부르크의 겨울 궁전으로 몰려들었다. 그들의 요구는 단순했다. "평화와 빵을 달라!" 그들은 차르를 자신들의 아버지로 믿고 평화행진을 하던 중이었다. 그러나 러시아 차르 니콜라이 2세는 그 요구에 무력진압으로 답했다. 그는 비무장 시위대와 마주한 군대에게 발포

명령을 내린다. 이날 하루에만 3000명 이상의 사상자가 발생했다. 1905년 겨울궁전 앞 눈밭을 피로 물들인 이날의 비극이 바로 그 유명한 '피의 일요일' 사건이다.

이제 차르에 대한 환상은 사라지고 만다. 민중들 사이에서 러시아 제국에 대한 불만이 점점 더 끓어오르고 있었다. 1906년 한 해 동안 100만 명이 파업을 일으켰고 농민반란은 2600건이나 발생했다. 이에 러시아 정부는 불만을 잠재우기 위해 '두마'라 불리는 의회를 설치하는 등 개혁을 추진했으나 농민과 노동자의 생활은 여전히 나아지지 않았다. 그러던 중 1914년 제1차 세계대전이 발발했다. 외부의 위기를 해결하는 과정에서 국내의 불만을 진정시킬 수 있다고 생각한 니콜라이 2세는 국민들에게 병력 파병에 협조해달라고 애국심에 호소했다. 처음에 러시아 민중들은 니콜라이 2세가 내세우는, 범게르만주의에 맞서는 범슬라브주의에 대한 지지와 애국심에 불타 무려 1500만 명이나 전선에 나갔다. 그러나 러시아 지휘관들은 무능했고 전장은 승전보다 패배의 소식으로 가득했다. 수많은 젊은이가 군대로 빠져나가 러시아의 노동력은 급격히 저하되었다. 민중의 복지에 써야 할 국가예산은 모두 군사비로 쓰였다. 일반 민중의 생활은 오늘 먹을 빵과 우유조차 없을 정도로 궁핍해져만 갔다.

1917년 3월 8일, 마침내 수도 상트페테르부르크에서 대규모 시위가 일어났다. 9만 명이 넘는 노동자가 이 파업 시위에 참여하여 "빵을 달라"고 외쳤다. 이에 니콜라이 2세는 '체제안정 유지'를 위한 사실상의 무력진압을 명령하고 수만 명의 군 병력과 예비군을 배치

▌ 1905년 '피의 일요일' 당시 진압병력과 맞선 러시아 민중을 기록한 그림

▌ 1917년 러시아 민중의 대규모 시위

해 시위대를 저지하려 했다.

그러나 1917년 3월 12일 월요일 아침 6시, 제정 러시아를 닫고 새로운 러시아의 역사가 시작될 것을 알리는 총성이 울렸다. 러시아 황제 소속 군대의 한 하사가 자신의 지휘관을 쏘아버린 것이었다. 이 사건을 시작으로 일제히 다른 부대들, 심지어는 표트르 대제가 직접 창설하여 가장 역사가 오래된 프로오브라젠스키 수비대까지 황제의 명을 거부하고 혁명에 가담하게 된다. 이로써 일반 군대는 물론이고, 한때 혁명가들을 칼로 살해하기도 한 악명 높은 기병대조차도 시위대에 동정심과 자책감을 느껴 결국 혁명군에 가담했다. 혁명의 물결은 시간이 갈수록 더욱 거세졌다. 결국 시위 진압을 지휘하던 사령관들은 진압을 포기했으며, 황제와 친했던 관리들마저 사퇴하여 혁명파에 가담하기에 이른다. 엄청난 배신감을 느끼며 절망에 빠진 니콜라이 2세는 제위에서 스스로 물러나겠다는, 당시로서는 큰 변화를 예고하는 선언을 하게 된다. 정부는 총사퇴하고, 자본가를 중심으로 한 알렉산드로 케렌스키의 임시정부가 수립되었다. 이를 2월혁명이라 한다(러시아 달력에 근거한 것, 현 기준 3월).

2월혁명으로 러시아에는 차르 체제가 아닌, 부르주아와 사회주의자들의 연합정권인 케렌스키 임시정부가 탄생했다. 그러나 케렌스키 임시정부는 민생이 어려워진 원인이자, 민중들의 간절한 열망인 제1차 세계대전에 대한 종전을 선언하지 않았다. 경제는 여전히 파탄 상태에서 복구되지 않았고 정권은 점점 민중의 지지를 잃어갔다. 9월로 들어서자 레닌이 이끄는 러시아 사회민주노동당 볼셰비키(사회민주노동당 내 레닌 중심의 다수파)가 전국적인 지지를 얻고 세력을 넓혀가기 시작한다. 볼셰비키는 조국의 방위를 이유로 제1차 세계 대전의 지속적 참여를 주장한 멘셰비키와 달리, 전쟁보다 노동자 계급 해방과 공산주의 혁명에 전념해야 한다고 주장했다. 또 프롤레타리아(노동계급, 무산계급) 독재를 수립하기 위해 자본가와의 타협과 기회주의를 배격해야 한다고 주장했다.

1917년 2월혁명 당시, 볼셰비키는 소비에트 내에서 극소수에 속했으나, 4월에 스위스에 망명 중이던 레닌이 돌아오면서 세력이 증대했다. 1917년 11월 7일 오전 10시, 트로츠키를 위원장으로 하는 볼셰비키 군사혁명위원회는 볼셰비키 1000명의 적위대를 이끌고 케렌스키 임시정부를 타도하며 소비에트 정권이 수립됐음을 선언했다. 이 혁명은 볼셰비키 혁명이라고 부르는 최초의 마르크스주의 혁명이었다. 레닌이 망명지 제네바에서 급거 귀국한 지 6개월여 만의 일이었다. 우리가 흔히 러시아 혁명이라고 부르는 혁명은 2월혁명과 10월혁명(현재 달력 기준 11월)을 통합해서 부르는 말이며, 볼셰비키 혁명이라고 할 때는 정확히 10월혁명을 지칭한다.

억압받고 착취당하던 사람들의 축제, 러시아 혁명

러시아 혁명 발발 3년 전인 1914년, 러시아는 제1차 세계대전에 뛰어들었다. 세계를 분할하기 위해 영국·프랑스 편에서 독일·오스트리아-헝가리 제국에 맞서 전쟁을 벌인 것이다. 하지만 러시아 혁명을 지도한 볼셰비키당은 모든 전선에서 벌어지던 전투의 즉각 중단을 선언했다. 볼셰비키는 러시아 제국에 속했던 식민지 민중이 자신들의 독립 여부를 스스로 결정하도록 했다. 혁명은 억압받는 사람들의 해방을 의미한다. 수 세기 동안 러시아인의 삶 속에서 '도덕관념'을 지배해온 러시아 정교회는 사회에서 분리되었다. 이제 여성에게는 이혼할 권리, 자신이 원하면 낙태할 권리와 함께 투표권이 보장되었다.

또한 러시아는 전 세계에서 동성애를 합법화한 첫 번째 국가가되었다. 모두 1917년 러시아 혁명이 일으킨 변화였다. 영국에서 여성의 투표권은 1928년에 허용되었고, 제한된 낙태권과 온전한 이혼의 권리가 1968년에 와서야 허용된 것을 생각한다면 러시아 혁명이가져온 변화가 얼마나 큰 사상적 충격이었는지를 짐작할 수 있을것이다. 무엇보다 이러한 성과는 러시아 민중이 만들어낸 것이었다. 영국의 명예혁명이 위에서 아래로 공표한, 의회로부터의 혁명이었던 것과 확실히 다른 지점이다. 혁명은 인간이 해방되는 거대한 과정이다. 레닌은 혁명을 가리켜 "억압받고 착취당하던 사람들의 축제"라고 말했다. 이전까지 억눌리고 쓸모없는 인간 취급당했던 대중이 자신을 위해, 더 나은 미래를 위해 스스로 투쟁하는 과정은 그자체로 인간해방의 위대한 축제인 것이다.

차르 체제에서 결코 희망을 볼 수 없었던 레닌이 그린 '억압과 착취로부터 해방된 나라', 그것은 분명 위대한 혁명정신이다. 산업혁명 이후 인간적인 삶을 누리지 못하던 수많은 약자들, 여성, 아동, 노동자, 농민을 보며 더 자유롭고 더 평등한 세상, 차별과 계급이 없는 세상을 고민했던 마르크스처럼, 레닌도 차르 체제에서 신음하던 민중이 주인이 되는 세상을 꿈꿨고 마침내 혁명의 성공으로 그 꿈을 실현한 것이다. 그가 혁명을 꿈꿀 수밖에 없던 배경과 그 의도는 충분히 이해되지만 러시아 혁명에는 긍정적 평가만 있는 것이 아니다. 10월혁명 이후, 러시아에서 곧바로 장밋빛 미래가 현실화된 것이 아니었기 때문이다. 억압받던 민중의 자각과 자유의 외침은 위대한 역사이지만 그들이 관념 속에서 이상적으로 그린 세상은 현실 속에서 완벽하게 이루어지지 않았다. 예컨대 급격한 사회주의 경제는 그 체제 자체의 모순으로 비효율을 잉태하고 있기 때문이다. 레닌은 이를 간파하고 신경제정책NEP을 펼쳐 문제해결에 나설 수밖에 없었다. 그래서 혹자는 러시아 혁명을 결론적으로 실패한 혁명으로 규정한다. 10월혁명 이후 러시아는 소설《닥터 지바고》에서 보듯, 황제를 지지하는 백군白軍과 혁명을 지지하는 적군赤軍 사이에 벌어진 내전을 겪어야 했다. 제1차 세계대전 참전 중단을 선언하긴 했지만 같은 민족 간의 계층과 이념 싸움을 결코 포기할 수 없었다는 것은 아이러니가 아닌가.

나는 묻는다. 억압과 착취를 당하던 사람들의 축제로 혁명을 규정했던 레닌에게.

"민중이 주인 되는 세상을 만들고자 했던 당신의 생각을 지지합

222

▌붉은 광장 중앙에 있는 레닌의 묘

▌연설 중인 레닌(1919)

니다. 그런데 제1차 세계대전의 종전을 선언하면서도 같은 땅에 사는 사람들을 또다시 계층으로 나누어 적으로 규정하고 전쟁하는 것은 어떻게 이해해야 할까요? 인류 지성사의 위대한 실험이었다는 러시아 혁명은 궁극적으로 누구를 위한, 무엇을 위한 평화였나요? 러시아 혁명을 겪은 20세기의 전쟁과 평화의 개념은 21세기에 어떤 교훈과 의미를 전해줄 수 있을까요?"

레닌에게
전쟁과 평화를 묻다

크렘린 성벽 아래 차가운 무덤 속에 잠들어 있는 레닌은 내게 이렇게 답했다.

"나는 전쟁을 절대악으로 생각하지 않소! 반제국주의 투쟁이나 식민지 해방전쟁은 정의로운 전쟁이기 때문이오. 제국주의 국가 간의 전쟁은 자본가만을 배부르게 할 뿐 대다수의 약자와 농민, 노동자는 착취와 억압에서 벗어나지 못합니다. 내가 보기에 자본가들 간 또는 선진국 간의 경제질서 유지는 평화가 아닌 것이오! 내가 제1차 세계대전에서 종전을 선언한 것도 그 전쟁의 목적이 제국주의 국가 간의 경제질서 유지에 있다고 생각했기 때문입니다."

다시 내가 묻는다.

"당신은 망명지 독일 뮌헨에서 발행한 잡지 〈이스크라(불꽃)〉를 통해 공산주의 혁명이론가로 입지를 굳히지 않았습니까? 당신의 혁명사상은 누구의 영향을 가장 많이 받았습니까?"

그러자 레닌은 이렇게 대답했다.

"내 형 알렉산드르의 죽음이 나를 혁명가로 만들었지요. 내 네 살위 형은 러시아 황제 알렉산드르 3세 암살계획에 관여했다는 이유로 체포되어 처형을 당했소. 그 소식을 들은 건 당시 내 나이 열일곱살 때였다오. 그때의 충격이라니…. 그 후 나는 내가 다닌 카잔 대학에서 마르크스를 만났소. 1843년에 《공산당 선언》을 보았고, 그의 《자본론》을 독파했소. 대학에서 마르크스 사상에 탐닉하다가 3학년때 퇴학을 당하기도 했었지…. 그러나 나는 검정고시를 통해 페테르부르크 대학 법학과를 졸업했고 변호사 자격을 얻었어요.

하지만 변호사라는 직업은 내게 너무 협소했소. 나는 혁명을 위해 불꽃처럼 살아가겠다는 결심을 하고 여러 활동을 하다가 체포되어 페테르부르크 페트로파블롭스크 요새에 1년 4개월을 갇혀 있었소. 그러다 시베리아 추방 5년형을 받고 그곳에서 수용 생활을 하며 엄청난 독서를 했다오. 그 후 나는 스위스 제네바로 망명하여 공산혁명의 이론가로 이름을 날릴 수 있었소. 이 기간에 독일 뮌헨에서 발행한 신문 〈이스크라〉를 통해 내 사상을 유감없이 펼칠 수 있던 것이오. 그리고 1917년 귀국하여 볼셰비키를 이끌며, 후대 사람들이 마르크스-레닌주의라고 부르는 공산주의 혁명을 실험했던 것이고. 그런데 애석하게도 내 집권 당시 공장 방문 중 반대파의 총격을 받았다오. 그 후유증으로 1923년에 내 생을 마감한 것이지요."

레닌이 갇혀 있던 페테르부르크 페트로파블롭스크 요새

제국주의와 자본주의는 평화를 가로막는 적이라는 생각이 레닌에게는 지배적이었던 듯하다. 특히 농민이나 노동자의 가혹한 삶은 자본주의와 제국주의 아래에서 어떤 변화도 이룰 수 없을 거라 생각했다. 따라서 제국주의를 약화시키고 자본주의를 중단시키기 위한 전쟁은 레닌에게 정의로운 전쟁이었을 것이다. 그는 '피압박 민족에 의한 해방운동'에 대해 언급하면서 식민지나 종속국에서의 반제국주의 투쟁도 지지했다. 이런 맥락에서 항일운동을 하고 있던 공산주의 계열의 한국 독립운동가들에게도 당시로서는 거금인 200만 루블을 지원했을 것이다. 그러니까 레닌이 생각한 세계의 평화는 전 세계 노동계급의 단결로 자본주의와 제국주의를 타도하는 것이었다. 나는 레닌에게 반론을 제기한다.

"그렇다면 자본주의와 제국주의를 적으로 규정하고 타도하면 정말 평화로운 세상이 올까요? 오히려 자본주의의 발달은 국가 간 장벽을 제거하여 자본의 활발한 경제활동을 촉진하고, 국제화된 경제를 만들지 않았습니까? 경제가 그물처럼 연결된 세상에서는 그만큼 전쟁 발발 가능성이 줄어들고 세상은 더 평화로워지지 않을까요? 그렇다면 국제화된 경제가 평화의 조건이 될 수 있지 않을까요? 도대체 평화를 만드는 조건은 무엇입니까?"

평화의 조건은
무엇인가

레닌에게 던진 나의 반론은 라인홀드 니버Reinhold Niebuhr의 생각이기도 하다. 1920년대 후반 미국의 종교가이며 평론가였던 라인홀드 니버는 미국과 세계 전체의 번영은 밀접한 관계가 있고 이러한 번영은 평화의 기초가 될 수 있다고 강조했다. 그는 이제 우리가 사는 세계는 식민지 총독이나 해군력에 의해서가 아니라 은행가에 의해 유지되는 '경제의 시대'임을 강조했다. 이러한 상태가 계속되는 한 국제사회는 평화를 이상으로 삼는 조건을 갖출 수 있다는 것이었다. 그는 군사력이 증강되어 무력으로 경제 문제를 해결하려 한다면 미국 사회의 안정은 물론 세계 평화도 위협받게 될 것이라고 예언했다. 이 독특한 사상가 니버는 철저히 경제주의적 입장에서 전쟁과 평화를 정의하고 있다. 그에게 평화의 조건은 곧 세계 전체의 경제적 번영이었던 셈이다.

경제주의적 평화 사상과 함께 사상·교육·문화의 측면에서 평화의 기반을 모색하는 움직임은 1919년 유럽 지식인들의 '지적 독립 선언'에서도 찾을 수 있다. 이 선언은 배타적인 애국주의에 사로잡혀, 결과적으로 무의미해진 제1차 세계대전과 같은 전쟁에 협력한 지식인의 반성에서 시작되었다. 이 선언은 영국, 프랑스, 독일, 이탈리아의 학자와 예술가가 서명한 것으로 로맹 롤랑, 헤르만 헤세, 베네데토 크로체 등이 발기인으로 참여했다. 그들은 전쟁 중 유럽에서 내셔널리즘의 영향으로 예술가나 지식인들도 국가의 하수인이 되어 문화활동·정신활동까지 왜곡되어버렸다는 인식하에, 두 번 다시 그런 잘못을 범하지 않도록 지식인의 '독립'을 선언한 것이다.

그들은 국경으로 분단된 국가 단위가 아니라 국제적인 시야로 상호 연대하면서 정신적인 자유를 통해 평화를 이뤄가고자 했다. "우리들은 복수의 국민people은 인정하지 않는다. 우리가 인정하는 것은 보편적인 인간the people뿐"이라는 당시 지식인의 선언은 생각과 사상의 자유로운 교류가 또 하나의 평화의 조건이 될 수 있음을 생각하게 한다. 지적 교류에 입각한 국제평화라는 것은 각국의 지식인들이 국가의 대표로서가 아니라, 개인과 개인으로서 횡적으로 연대하여 세계의 문제를 토의하거나 의견을 교환함으로써 국제적인 이해를 증진하고 평화에 공헌할 수 있다는 것이다. 그 구체적인 좋은 예가 바로 국제연맹(1920~1946) 내에 설치되었던 '국제지적협력연구소'일 것이다. 이 연구소는 세계 각지의 지도자들이 의견을 교환하는 장소로 만들어진 것이었는데, 이것은 '지적 협력'이 국제 이해와 평화에 불가결하다는 인식을 반영한 것이었다.

물론 당시 지식인 중에는 그러한 국제주의는 비현실적이고 무지한 일이라면서 반대하거나 무시했던 사람들도 적지 않았다. 프랑스의 소설가 앙리 바르뷔스는 볼셰비즘의 영향하에 계급투쟁을 지지하는 것이야말로 인텔리의 의무라고 했다. 이탈리아의 소설가 가브리엘레 단눈치오는 내셔널리즘의 불길을 태우는 것이 예술가의 역할이라고까지 말했다. 한쪽은 사회주의 혁명이 각국에서 성공해야 비로소 세계가 평화로워질 수 있다고 주장하고, 다른 한쪽은 평화보다도 전쟁을 찬미한 것이다.

배제와 억압의
순환고리를 넘어

마르크스주의에 입각한 러시아 혁명만을 보면, 그 당시에 전 세계에서 이토록 다양한 평화에 대한 고민이 있었다는 사실을 생각하기 어렵다. 하지만 전쟁과 평화, 평화의 조건 등에 대한 생각들은 당시에도 매우 다양했다. 나는 공산주의 혁명이 성공하고 제1차 세계대전을 겪은 1920년대에 이토록 다양한 평화 담론이 있었다는 것에서 21세기 평화의 방향과 의미를 찾는다. 혁명에 불타오른 레닌은 자본가와 제국주의를 적으로 규정하고 그들을 완전히 제압함으로써 노동자에게 진정한 평화가 올 것이라 믿었다. 그러나 이것은 결국 반쪽의 평화일 뿐이다. 억압과 착취에서 벗어나기 위한 혁명이 또다시 누군가를 적으로 규정하고 그들을 탄압할 수밖에 없기 때문이다. 프랑스 혁명의 역사 경험에서 보듯, 이렇게 나와 너의 경계를 만들고 적을 구분하면, 끊임없이 누군가를 배제하고 억압하는 순환의 고리를 끊을 수 없다. 20세기 러시아 혁명이 억압받고 착취당하던 사람들의 축제였다면, 이제 21세기 혁명은 특정 계층이 아닌 보편 인류를 위한 평화의 축제가 되어야 할 것이다.

나의 질문은 계속 이어진다. 억압과 배제의 악순환의 고리만 없앨 수 있다면 인류의 '영원한 평화'는 과연 달성 가능한 일일까? 우리는 어떤 이유에서 평화를 추구해야 할까? 이제 나는 발걸음을 돌려 영원한 평화의 가능성과 그 원리를 고민한 칸트를 향해 떠난다. 어젯밤부터 하염없이 내리는 모스크바 붉은 광장의 눈 때문일까? 레닌의 묘를 비추는 꺼지지 않는 불꽃이 유난히 더 따뜻해 보인다. 더 나은 세상을 꿈꾸며 투쟁했던 레닌은 그렇게 영원히 꺼지지 않는 불꽃이 되어 떠나는 발걸음을 배웅하고 있다.

02

러시아에서 만난 칸트,
그가 꿈꾸던 평화

러시아에서
칸트를 만나다

독일인 칸트를 만나러 러시아로 간다? 우리가 잘 알고 있는 임마누엘 칸트Immanuel Kant(1724~1804)는 독일인(프로이센)이다. 그리고 그는 죽을 때까지 고향에서 반경 16km 이상을 벗어난 적이 없다. 그렇다면 칸트를 만나러 가는 길은 당연히 독일에 있어야 하지 않을까? 그런데 나는 지금 칸트를 만나기 위해 러시아에 머물러 있다. 그렇다면 칸트는 누구인가? 우리에게 너무나 익숙한 칸트는 어디 사람인가? 칸트의 도시 쾨니히스베르크(현 칼리닌그라드)는 칸트가 살던 시절에는 프로이센 지역이었지만 현재는 러시아의 일부다. 1724년 쾨니히스베르크에서 태어난 칸트는 죽을 때까지 줄곧 고향에 있었으니 사실상 우리가 알고 있는 현재의 독일 영토에는 발도 들여놓은 적이 없는 것이다. 그런데 우리는 현 독일의 국경선 안에는 한 번도

‖ 칸트의 고향 러시아 칼리닌그라드에 있는 그의 동상과 묘

가본 적이 없는, 현재의 러시아 영토 안에서만 있었던 칸트를 독일인이라고 말한다. 그저 선 하나일 뿐인데 이쪽은 러시아고 저쪽은 독일이 된다. 선을 기준으로 전혀 다른 두 개의 나라가 존재하는 것이다. 칸트가 살던 시기 유럽 열강들은 영토를 확장하기 위한 정복 전쟁에 매몰되어 있었다. 그들에겐 이 국경선을 조금이라도 확장하는 것이 최대 목표였다.

칸트는 묻는다. 국가란 무엇인가? 대체 무엇 때문에 선 하나로 나뉜 이 국경을 확장하기 위해 수많은 사람이 희생되어야 하는가? 인류의 역사에서 전쟁은 왜 끝나지 않는 걸까? 어떻게 하면 전쟁 없는 영원한 평화를 실현할 수 있을까?

인류의 보편가치인 평화는 외부로부터의 끊임없는 전쟁 압박과 불안이 존재하는 한 영원할 수 없다. 이런 이유에서 그가 서술한 '영구평화'에 대한 논의는 필연적으로 세계적인 차원의 논의를 포함할 수밖에 없었을 것이다. 그런데 최첨단 무기가 매일 경쟁하듯 개발되는 현 상황에서도 전쟁과 평화의 문제는 인류의 삶과 죽음의 문제다. 인류는 세계 평화를 소망하는데 왜 지구상에는 평화가 아닌 전쟁이 계속 일어나는 것일까? 그 원인은 정치나 경제체제, 사회조직에 있는 것일까? 인간의 본성 내부에 있는 것일까? 아니면 양쪽 모두에 근거하는 것일까? 그렇다면 영구적인 평화를 가능하게 하는 조건은 무엇일까? 나는 아이러니하게도 칸트와 전혀 관계없어 보이는 러시아 땅에서 칸트에게 묻는다.

칸트의 《영구평화론》

18세기의 계몽주의 철학자였던 칸트는 자신의 조국 프로이센과 당시 유럽이 처한 현실 속에서 《영구평화론》을 저술했다. 18세기 유럽은 7년전쟁, 중상주의에 의한 식민주의 정책, 폴란드 강제 분할 등 수많은 전쟁과 영토 확장이 모든 나라의 최우선 과제인 시대였다. 칸트의 나라 프로이센 역시 유럽에서 발발한 수많은 전쟁에 참여하며 앞장서서 더 많은 영토 확장을 꾀하던 국가 중 하나였다. 칸트의 《영구평화론》은 사실상 그가 살고 있던 국가의 기조와 방향에 반대하는 주장을 담은 셈이다. 그래서 그는 자국민으로부터 위협도 받았다. 아마 매국노라는 비난도 들어야 했을 것이다. 칸트는 당시 영토 확장 전쟁 상황과 전혀 반대의 입장에 서서 영구적 세계 평화의 조건을 고민한 것이다.

칸트의 《영구평화론》은 100페이지 정도의 비교적 얇은 책이다. 놀라운 것은 이 책이 독일과 일본에서 가장 많은 인쇄 부수를 기록하고 있다는 것이다. 20세기 전범국가인 두 나라에서 '영원한 평화'에 대한 고민이 많았다는 사실은 아이러니 아닌가! 그런데 조금만 더 생각해보면 그 사실이 얼마나 의미 있는지를 알게 된다. 약소국이 "우리는 평화주의자다"라고 말하는 것과 강대국이 "힘이 아닌 평화를 선택하겠다"라고 말하는 것의 차이는 어디에 있을까? 힘이 없는 국가는 다른 나라를 침략할 능력이 애초에 없다. 힘없는 약소국이 하는 "우리는 평화를 수호하고 있다"라는 말은 다른 사람에게 어떤 영향력도 미칠 수 없는 사람이 뜬금없이 "나는 뇌물을 받지 않는 청렴한 사람이다"라고 말하는 것과 같지 않은가! 칸트가 주장하는 국가의 권리와 의무를 일본과 독일인들은 과연 어떻게 이해하고 받아들일까? 만약 이 세계에 칸트의 생각을 지지하는 정치인들이 많았다면 인류 역사 속에 정복전쟁이나 식민전쟁, 또는 참혹한 1·2차 세계대전이 여전히 존재했을까? 우선 그가 생각하는 국가의 권리와 의무를 살펴보자.

칸트가 말하는 국가 간의 권리와 의무

칸트는 다음과 같은 조항을 통해 국가 간의 권리와 의무를 규정했다.

- 한 국가는 타국의 능동적 침해가 있을 때 가능한 모든 수단을 동원하여 대응할, 곧 전쟁의 권리를 갖는다.(제52조)

- 그러나 국가들의 전쟁은 징벌전쟁, 섬멸전쟁, 정복전쟁이어서는 안 된다. 국가들 간에 도덕적 우위를 갖는 국가란 있을 수 없기 때문이다. 그러므로 권리 있는 전쟁은 방어전쟁뿐이다. 그러나 방어전쟁의 경우도 장래에 지속적인 평화의 확립에 필요한 신뢰를 파기할 교활한 수단(간첩 파견, 암살, 독살, 거짓정보 유포 등)을 이용해서는 안 된다.(제57조)

- 전쟁 후 패전국, 또는 패전국 국민은 식민지 노예가 되어서는 안 된다.(제58조)

- 국가들은 평화의 권리를 갖는다.(제59조)

칸트는 국가가 국민을 위해 지켜야 할 권리에서 한발 나아가 '영원한 평화'를 위한 국가 간의 권리와 의무를 규정했다. 그는 철저하게 징벌·섬멸·정복전쟁을 반대했다. 심지어 그것이 방어전쟁이라고 해도 전쟁 승리를 위해 간첩, 암살, 독살, 거짓 정보 등을 유출하는 모든 비도덕적 행태는 국가가 해서는 안 될 행위로 간주한 것이다. 칸트의 국가 간 권리와 의무 규정에 근거한다면 세계사에서 정의로운 방어전쟁으로 명명될 수 있는 전쟁이 과연 몇이나 있을까? 사실상 어떤 명분과 이름으로 자행된 전쟁이건 칸트에게 국가 간 전쟁은 정당화되기 어려운 행위다. 칸트는 정의로운 전쟁의 필요성을 주장한 레닌과 달리 '어떤 전쟁도 있어서는 안 된다'는 명제를 도덕철학의 대원리로 설정하고 있기 때문이다. 칸트에게 전쟁은 전쟁 과정에서 동반되는 폭력이라는 수단으로 인해 어떤 명분으로도 정당화될 수 없는 것이다. 칸트는 영원한 평화만이 정치상의 최고선이며, 인류가 이성을 지니고 있는 한 계속 노력해야 할 '도덕적 실천' 과제라고 강조한다.

영구적인 평화를 위한
국가 간 예비조항

칸트는 국가를 가리켜, '구성원들이 무엇이 좋은 삶인가, 어떤 가치로 살 것인가를 헌법으로 합의한 것'이라 규정했다. 법의 효력이 미치는 범위를 국가의 경계로 정의한 것이다. 이런 생각의 확장에서 그는 영원한 평화를 가능하게 하는 국가 간의 국제법적 조건을 검토하면서 《영구평화론》의 본문을 서술했다. 이제, 그가 생각하는 '영원한 평화'의 조건을 살펴보자.

칸트는 영구평화 실현에 장애가 되는 6가지를 금지하는 조항을 통해 휴전이 아닌 전쟁의 종식으로서의 평화가 '어떻게' 이루어져야 하는지 설명한다.

- 전쟁을 불러올 비밀조항 금지
- 다른 국가의 강제적 통합 금지
- 상비군의 점진적 폐지
- 국채 발행 금지
- 내정간섭 금지
- 비열한 적대행위 금지

그가 제시한 6개의 금지조항은 영구적 평화를 실천하기 위한 모든 국가의 예비 6항이다. 전쟁을 불러올 비밀조항 금지와 다른 국가에 대한 강제적 통합 금지는 식민지 전쟁 시대를 떠올리게 한다. 이러한 칸트의 이론을 따른다면, 독소불가침 조약, 조선을 농단한 가쓰라-태프트 밀약 모두 합법적일 수 없는 것이다. 이러한 조약들은 모두 전쟁을 불러올 비밀조약이었고 식민지배를 통해 다른 국가를 강제적으로 통합한 것이다. 상비군의 점진적 폐지는 그것이 세력균형과 국가안보를 위한 것이라 할지라도 궁극적으로 영원한 평화를 저해하는 요소로 그가 인식하고 있음을 보여준다. 내정간섭 금지 역시 현대사에 중요한 의미를 가진다. 내정간섭이 허락되는 순간 수많은 '명분'의 침략과 전쟁이 정당화될 가능성이 있기 때문이다. 그렇다면 오늘날 세계의 일부 국가를 악의 축으로 규정하고 자국의 정치적 가치의 확산을 정의로 생각하는 인식은 모두 칸트에 의하면 영구적 평화를 저해하는 반평화적 요소인 것이다. 그는 이러한 예비조항에서 한발 더 나아가 영구평화를 실현하기 위한 적극적 조건(확정조항)을 논한다. 이를 좀 더 자세히 알아보자.

영구적인 평화를 위한
국가 간 확정조항

칸트가 주장하는 영구평화를 실현하기 위한 적극적 조건은 공화체제, 국제법, 세계시민주의로 구성된다. 먼저 그가 주장하는 첫 번째 조건인 공화체제를 살펴보자. 칸트는 영구평화를 실천하기 위해 모든 국가는 공화체제를 유지해야 한다고 말한다. 여기서 공화체제는 다음의 세 가지 원리를 포괄하는 체제를 말한다.

첫째, 한 사회의 구성원이 인간으로서 자유로워야 한다.
둘째, 모든 구성원이 공통적인 입법에 종속하는 시민이어야 한다.
셋째, 모든 구성원은 국민으로서 평등해야 한다.

칸트가 공화제를 강조하는 이유는 공화제라는 정치체제하에서만 전쟁을 할 것인지 아닌지를 결정할 권리가 '국민'에게 보장되기 때문이다. 그는 모든 전쟁을 영구적으로 종식시키기 위해서는 '민족 간의 평화동맹'이 무엇보다도 중요하다고 강조한다. 각 국가는 공화체제에서 각자의 권리를 보장받고 평화를 유지해야 한다는 그의 주장은 오늘날의 국제연합UN을 만드는 토대가 되었다.

영구평화를 실현하기 위한 두 번째 조건으로 칸트가 강조하는 것은 연방제에 기초한 국제법이다. 인간의 악함을 규제하기 위해 정부의 공법이 필요하듯, 국가 간의 전쟁 도발을 억제하기 위해서는 법적 구속력이 있는 국제법이 필요하다는 것이다. 그런데 칸트는 세계 공화국이라는 적극적 이념 대신, 소극적 대안으로서 자유로운 국가들의 평화연맹체제를 제안한다. 국가는 도덕적 인격이기 때문에 어떤 국가도 다른 국가에 대해 도덕적 우월성을 가질 수 없고 어떤 국가도 다른 국가에 의해 지배될 수 없다는 것이 그의 생각이다. 마치 자유로운 개인들이 계약을 맺고 국가를 구성하듯이, 국가들도 자유로운 계약을 맺고 연맹을 구성할 수 있다는 것이다.

그런데 이 연맹은 국가처럼 주권을 갖는 기구가 아니라 개별 국가들의 독립성과 자율성, 모든 국가의 역사적·문화적 다양성을 보존하는 연방주의 원리에 입각한 평화연맹을 말한다. 칸트는 국가들의 느슨한 연합체인 평화연맹이 모든 전쟁을 종식시키고 모든 국가의 자유를 보장하는 것을 목적으로 한다면 세계 평화가 가능하다고 생각했다.

영구평화를 위한 세 번째 조건은 세계시민주의다. 칸트는 열강의 식민지 경영을 엄격하게 금지하면서 '우호'에 근거한 모든 국민 상호의 '방문권' 확립을 주장했다. 우호의 조건이란 이방인이 낯선 땅에 도착했을 때 적으로 간주되지 않을 권리를 뜻한다. 이런 우호의 조건을 수용할 때 세계의 각 지역이 서로 평화적으로 관계를 맺게 되고, 이런 평화로운 관계가 공법으로 뒷받침되면 인류는 세계 시민적 체제에 점차 다가갈 수 있게 된다는 것이다. 이러한 권리는 모든 인간에게 속해 있는 권리인데, 과거 유럽의 문명국가들이 라틴아메리카와 아프리카 등을 정복하는 과정에서 보여준 야만에 대한 자성에서 나온 것이다. 그렇다면 이 훌륭한 칸트의 평화이론에도 불구하고 왜 현실 세계는 이토록 분열과 갈등, 전쟁이 그치지 않는가? 칸트는 구름을 탄 흰 수염의 노인에 불과한 걸까?

칸트에게 '영원한 평화'와
그 현실적 한계를 묻다

정치현실주의자들에게 있어 칸트의 평화이론은 실현 불가능한 이상주의 철학자의 관념론으로만 읽힐 것이다. 또한 마키아벨리주의자(수단과 방법을 가리지 않고 자신의 이익을 관철시키려는 태도를 '마키아벨리즘'이라고 하며, 이렇게 행동하는 사람들, 특히 정치인을 '마키아벨리주의자'라고 부른다)에게 칸트 철학은 공허한 소리로만 들릴 것이다. 그러나 나는 이 땅만 바라보는 현실주의자들에게 다시 묻는다. 그렇다면 실현 불가능한 관념이 없다면 이 세상은 어떻게 될까? 세상은 온통 정글 속 짐승들이 사는 세상으로 남을 수밖에 없지 않은가! 어찌 이성적 존재인 인간이 동물의 차원에 머물러 사는 현실주의만 따를 것인가?

프랑스의 인권선언은 인간존엄이라는 숭고한 이상을 담은 문헌이지만, 선언문이 규정한 내용은 한 세기가 지나도록 여전히 지켜지기 어렵다. 극단의 이상주의는 역사 속에서 그 실패를 증명해왔다. 프랑스 혁명도 러시아 혁명도 크롬웰의 금욕정치도 모두 이상적인 세계를 실현하려고 한 시도였지만 결과는 실패였다. 그러나 그 결과가 실패였음에도 프랑스 혁명이 담은 자유·평등·박애라는 개념은 여전히 유용하다. 레닌의 러시아 혁명은 경제파탄이라는 비효율과 빈곤의 결과를 만들었지만, 약자인 노동자와 농민이 국가의 주인이 되는 복지국가의 이상마저 허망하게 사라진 것은 아니다!

그렇게 인류의 역사는 다가갈 수 없는 이상에 다가가려는 인간의 의지에 의해 조금씩 변해왔다. 현실의 실현 가능성이 세상을 바꾸는 것이 아니라, 이상의 세계를 그리는 인간의 상상력과 의지가 점진적으로 변화를 만들어가는 것이다. 평화란 코끼리의 발걸음처럼 느리게, 그러나 무겁게 전진해나가는 것이다. 전쟁 없는 평화의 시대가 현실적으로 불가능하다는 사람들 속에서 우리는 어떤 평화의 미래도 상상할 수 없다. 칸트의 철학을 어떤 정책이나 정치적 관념으로 이해하는 것은 무지의 극치다. 이론과 실천의 간극을 칸트가 몰랐겠는가. 칸트는 철학적 정치를 말하며 정치의 도덕화를 순수이성을 통해 찾으려고 했던 것이다. 그리고 우리는 칸트가 고민한 그 숭고한 평화의 이상이 있기에, 다가갈 수 없는 '평화'를 만드는 조건을 성찰하고 그가 생각한 최종 목표, 세계 평화라는 이상을 향해 달려가는 '의지'를 갖게 되는 것이다. 그렇기에 《영구평화론》 마지막 장에서 그가 끝맺는 말은 더 큰 울림이 되어 다가온다. 러시아에서 만난 칸트는 말한다.

영구평화는 절대 공허한 이념이 아니라,
점진적으로 해결되면서 지속적으로 목표에 접근해갈 하나의 과제다.

03

러시아 역사에서 찾은
위대한 리더의 조건

알렉산드르 넵스키를 만나다

회색빛 하늘이 감싸는 도시, 상트페테르부르크는 안개 가득한 몽롱한 꿈 같다. 하늘과 땅의 구별마저 모호한 잿빛 그림이다. 맑은 하늘도, 빛나는 햇살도 보이지 않는 찬 기운 가득한 1월의 러시아! 웃음기 없는 러시아인들의 입김이 싸늘한 거리를 더 쓸쓸하게 한다. 이 외로운 도시에서 내가 만나고 싶은 사람은 알렉산드르 넵스키다. 그가 잠들어 있는 넵스키 수도원을 찾아 종종걸음으로 지하철을 타러 간다. 지하철역으로 가는 길은 그의 이름을 딴 넵스키대로다. 온통 반짝이는 불빛으로 이렇게도 넓고 화려한데 정작 그 길 이름의 주인공을 찾아가는 길은 초라하게 멀다. 그는 자신이 죽은 지 700년 뒤에 이 거대하고 화려한 거리가 본인의 이름을 따서 지어질 거라고 생각이나 했을까? 그가 살았던 13세기의 러시아는 민족 수난의 시대였다. '러시아 수난사'라는 단어가 우리에게는 낯설다. 러시아

러시아 상트페테르부르크

라는 이 거대한 대륙이 언제 누군가에게 치열하게 침략당하고 고난
을 겪었던 역사가 있었나, 하는 의아함 때문일 것이다.

그러나 유라시아 대륙의 거의 절반을 차지하는 러시아는 기원전
7~8세기 바이킹족 침입 이전에는 유목민들이 흩어져 사는 초원에
불과했다. 9세기 이후, 키예프와 노보그라드를 시작으로 현재 러시
아가 형성된 것이다. 그 후, 러시아는 1240년부터 1480년까지 2세
기가 넘는 기간 동안 몽골 타타르족의 지배를 받았다. 1610년에는
폴란드인들이 모스크바를 침탈했으며, 1812년에는 나폴레옹이 모
스크바를 점령했다. 그중에서도 러시아인들의 의식구조에 막대한
영향을 끼친 피침략의 역사는 몽골 타타르족의 압제다. 내 이야기의
주인공 알렉산드르 넵스키는 바로 이 시기를 살며, 러시아를 외세로
부터 지켜낸 동슬라브족의 영웅이다.

알렉산드르 넵스키의 일생과
러시아의 정체성

그렇다면 알렉산드르 넵스키는 누구인가? 그는 1220년 블라디미
르 대공 야로슬라프 2세의 아들로 태어났다. 그는 유능한 정치가로
1252년에 블라디미르 대공으로 취임했다. 킵차크 칸국과의 충돌을
조정했고, 반몽골반란(1259년) 때는 농민반란을 진압하여 오히려 몽
골에 대항하지 않는 화친정책을 택했다. 싸워서 이길 수 없는 몽골

에는 대항하지 않고 완전히 굴복하는 모습을 보였지만, 외적이 러시아 북서부를 침입했을 때는 사력을 다해 영토를 보호했다. 특히 1240년 네바강 전투에서는 적은 병력으로 스웨덴군을 격파했다. 점령된 영토를 재탈환함으로써 그는 침체기 러시아의 국민영웅으로 숭배받았고, 몽골 제국 지배 시기에 이 지역을 지배한 킵차크 칸국의 칸으로부터 공식적으로 노브고

▍알렉산드로 넵스키 초상화

로드공의 지위를 받았다. 훗날 러시아 정교회에서는 그를 성인으로 받아들인다.

　나는 이제 발길을 돌려 러시아의 영웅이 잠들어 있는 알렉산드르 넵스키 수도원 안으로 들어간다. 넵스키에 대한 시민들의 사랑은 굳이 누가 말하지 않아도, 이 성당 안에 들어서는 순간 고스란히 전달된다. 21세기를 살고 있는 오늘날의 시민들은 더 이상 외부의 침략에 내일을 걱정하지 않는다. 오늘날 이 땅에 사는 사람들은 러시아라는 영토 안에서 러시아인이라는 소속감으로 하루를 평화롭게 살아간다. 그런데 그 평화로운 상태, 외부의 위협을 적어도 매일의 일상 속에서 처절하게 경험하지 않는 상태는 그냥 주어진 것이 아니다.

알렉산드로 넵스키 수도원

조국을 수호한 영웅이 어찌 알렉산드르 넵스키 한 사람뿐일까마는 러시아인들이 그를 사랑하고 존경하는 이유는 전쟁에서 보인 그의 탁월한 전략과 지휘력 때문이다. 예컨대, 타타르족의 침략을 받고도 초토화를 면한 것은 넵스키의 유연한 외교력에 있다. 싸워서 이길 수 없는 몽골에는 대항하지 않고 완전히 굴복하는 전략적 인내를 보인 것이다. 그러나 몽골 지배하 안정 상태에서, 그는 불굴의 용기로 러시아인을 단결시켜 스웨덴의 침략을 격퇴하기도 했다. 스웨덴의 침략을 막아낸 이후 이어진 독일 기사단의 침략도 뛰어난 지략과 전술로 물리친다. 그는 지리에 익숙하지 못한 독일 기사단을 얼음이 언 호수로 유인한 후, 병사와 말이 얇은 얼음에 빠져 익사하게 만드는 전략을 썼다. 오늘날 용어로 말하면 '천문지리에 정통한 탁월한 군사전략가'인 것이다. 비록 당시에는 타타르족에 맞서 싸우지 않고 굴복한 비겁한 지도자로 보였겠지만, 오늘날 러시아인들은 그의 유연한 굴종을 고마워하며, 결과적으로 외세의 침략으로부터 러시아를 지켜낸 넵스키의 용기, 지혜, 그리고 인내심 같은 리더십을 높이 평가한다. 그래서 지금도 수도원을 찾는 러시아인들은 차례를 기다리며 한 줄로 서서 그의 무덤에 사랑과 존경의 키스를 보내고 있는 것이리라!

그렇다면 그가 그렇게도 목숨 걸고 지키려고 한 이 땅은 어떤 곳이며, 그 땅에서 살아가는 민족은 누구일까? 700년 전 치열한 전투로 러시아 민족을 지킨 넵스키, 그가 지킨 러시아 민족. 그들은 도대체 어디에서 왔으며 누구일까? 무엇을 위해서 그들은 치열한 전투를 했던 것일까?

러시아 민족은 누구이고 어디에서 왔는가

현재의 러시아 연방은 180여 개 넘는 민족으로 이루어진 다민족 국가다. 인종·민족으로서의 러시아인을 이야기할 때는 '루스키'라는 단어를 쓴다. 그런데 러시아 국민을 말할 때는 '로시얀'을 사용한다. 이는 민족이나 인종과 관계없이 러시아에 거주하면서 러시아 국적을 취득한 사람을 말한다. 러시아어로 '민족으로서의 러시아인'과 '국민으로서의 러시아인'은 분명하게 구별되는 셈이다. 그렇다면 러시아 민족은 어디에서 온 것일까?

러시아 민족의 주 종족은 동슬라브 계열로 본다. 고대 슬라브인이 유럽에서 거주했던 장소 중 가장 오래된 곳은 카르파티아 산맥 북부다. 슬라브인은 이곳에서 각지로 흩어졌는데 남쪽으로 간 슬라브인은 발칸 슬라브인이 되었고, 서쪽으로 간 사람들은 체코인·모라비아인·폴란드인이 되었으며, 이들은 서슬라브족 계열에 속한다. 그리고 동쪽으로 간 슬라브인은 현재 러시아의 원류인 동슬라브인인 것이다. 이렇게도 다양한 민족이 러시아라는 땅 안에 살아왔다는 것인데, 그렇다면 이 복잡한 민족을 하나로 묶었던 힘은 무엇일까?

그것은 바로 그들을 하나의 정체성으로 모아내는 종교일 것이다. 넵스키가 활동했던 13세기는 몽골의 침략이 전 세계적으로 거셌던 때였다. 이 시기 몽골의 침략으로부터 '우리'라는 정체성을 지키기 위해 애썼다면, 그것은 현대적 개념의 '민족'이 아니라, 같은 지역에 사는 사람들이 공동으로 향유하는 '종교'일 가능성이 더 크다. 고대 러시아 민족의 발전은 13세기 몽골의 침입과 키예프 공국의 붕괴로 중단되었기 때문이다. 따라서 러시아인을 규정하기 위해서 반드시 이해해야 할 것 중 하나가 바로 이들의 일상과 빼놓을 수 없는 종교, 바로 러시아 정교의 전래와 유입이다.

러시아는 어떻게
정교 국가가 되었나

고대 러시아의 역사를 기록한 《러시아 연대기》에 따르면, 986년 고대 투르크계 유목민 집단인 불가르의 사절이 와서 블라디미르 대공에게 이슬람을 믿을 것을 권유했다고 한다. 하지만 블라디미르 대공은 이슬람이 음주를 허용하지 않는다는 이야기를 듣고 다음과 같이 말했다고 전해진다.

"술을 마시는 것은 러시아인들의 즐거움이다. 술 마시는 기쁨이 없으면 우리는 살 수가 없다."

이 말은 이후 러시아인들의 음주 애호를 상징하는 유명한 문구가 되었다. 이후 바티칸에서 보낸 독일 선교사들과 유대인이 왔지만, 블라디미르는 그들의 신앙을 받아들이지 않았다. 비잔틴의 철학자가 와서 성경과 기독교 신앙에 대해 설명했지만, 블라디미르는 결정을 내리지 못했다. 그래서 사절단을 보내 이슬람과 가톨릭, 그리스 정교의 미사를 둘러보게 했다. 사절단은 동로마 제국의 수도 콘스탄티노플에 다녀온 후 놀라움에 가득 차서 정교 미사의 아름다움을 보고한다. 사절단의 보고를 받은 블라디미르는 그리스 정교에 호감을 느끼게 되었다. 그리스 정교를 받아들인 블라디미르는 원래 매우 난폭하고 여자를 좋아하는 난봉꾼이었다. 폴로츠크 공국의 여군주 로그네다를 겁탈하여 강제로 결혼한 후, 그녀의 남동생 두 명을 죽여버릴 정도로 도덕과는 거리가 먼 불한당이었다(로그네다와 블라디미르의 관계를 잘 묘사한 안톤 레셴코의 그림이 러시아 미술관에 전시되어 있다). 그는 키예프의 대공이 된 후 7명의 아내와 800명의 첩을 거느릴 정도로 종교적 심성과는 거리가 먼 군주였던 것이다.

블라디미르에서 시작된 러시아 정교는 15세기 후반, 이반 3세 때 들어서 꽃을 피운다. 이반 3세 이래 러시아 정교는 '제3의 로마'라는 별칭을 받는다. 그 이유는 그가 비잔틴 제국의 황녀 소피아를 아내로 맞고 동로마 제국이 오스만 제국에 의해 멸망된 후에 자연스럽게 동로마의 후계자임을 자처할 수 있었기 때문이다. 그러니까 제1로마(이탈리아 서로마), 제2로마(동로마 콘스탄티노플)에 이어 러시아 모스크바가 제3로마가 된 것이다. 정교 국가로서 러시아인들의 자부심은 강하다. 정통성의 보존이란 명분은 러시아라는 거대한 땅과 러시아인을 하나의 정체성으로 묶어내는 강력한 힘이다. 지리적 공간의 거대함을 심리적 공간의 친밀감으로 변형시키는 것이다.

이제 다시 내 이야기의 주인공 알렉산드르 넵스키의 이야기로 돌아가 정리해보자. 내가 찾은 이 넵스키 수도원은 외국 관광객은 거의 찾지 않는 한적한 곳에 위치해 있다. 그러나 나는 추위 속에서 찾아온 러시아인들이 왜 그토록 그에게 존경과 사랑을 보내는지에 대한 이유를 찾아냈다. 그것은 그가 담대한 리더십으로 러시아 정신인 러시아 정교를 잘 지켜내어, 이 거대한 땅 러시아를 하나의 정신으로 지속시켜준 것에 대한 고마움 때문일 것이다.

페트로파블롭스크 요새에서
표트르 대제를 만나다

오랜 그리움이 된 영웅의 하얀 꿈이 상트페테르부르크의 넵스키대로에 흩어진다. 오전 내내 수분을 머금은 눈 냄새에 차가워진 공기가 상쾌한 기분이다. 트롤리 버스를 타고 넵스키대로를 따라 에르미타주 근처에서 내려 상트페테르부르크의 랜드마크 페트로파블롭스크로 가고 있다. 3년 전에는 너무 추워 에르미타주 미술관만 봤을 뿐, 올 엄두조차 못 냈던 곳이다. 추위에 얼어붙은 네바강 저편으로 붉은색 성벽과 황금빛 첨탑이 보인다. 상트페테르부르크의 상징 페트로파블롭스크 성당이다. 페트로파블롭스크는 베드로와 바울의 러시아식 이름이다. 이곳은 상트페테르부르크라는 도시를 만든 사람이자, 러시아 근대화를 시작한 표트르 대제를 기억하는 장소다.

어느 나라의 역사를 보든지 그 역사 속에는 자국을 강하고 위대하게 만든 왕이 꼭 등장한다. 시대와 공간을 초월하여 위대한 리더라 칭송받는 인물 중 빠짐없이 등장하는 캐릭터는 부국강병을 이룬 왕이다. 국가를 초월하여 참으로 한결같은 공통점이 아닐 수 없다. '상트페테르부르크의 아버지' 표트르 대제는 러시아의 위인이다. 어떤 서점을 가든지 아이들용으로 만든 위인전에는 반드시 이 '표트르'란 이름이 등장한다. 대체 이 엄청나고 위대한 왕으로 칭송되는 표트르는 어떤 사람이었기에 러시아인들이 위인으로 기억하는 걸까?

| 페트로파블롭스크 성당

    1672년 표트르 대제는 알렉세이 미하일로비치 차르와 그의 두 번째 황후인 나탈리아 키릴로브나 사이에서 셋째 아들로 태어난다. 왕자로 자란 표트르는 화려한 의식이나 불합리한 전통을 싫어했고 실리적이며 과학적인 것들에 관심이 많았다. 집안 내분으로 한때 궁전 밖에서 생활해야 했는데, 그동안 그는 영국, 네덜란드 등 서유럽

선진 국가에서 온 기술자들과 접촉하면서 최첨단 기술을 배웠다. 러시아 근대화를 위한 그의 불타는 의지는 사실 이때부터 시작된 것이리라.

표트르는 열두 살 때부터 석공술과 목공술, 말에 편자를 박는 일, 대포를 주조하는 일 등 특수한 기술을 배워나갔다. 또한 그는 프로이센에 가서 포병 부사관으로 위장하여 프로이센군 고위 지휘관에게 대포 조작 기술을 익혔다. 그리고 네덜란드로 가서는 목수 신분으로 선박 건조 기술을 익혔으며, 영국에 가서는 수학과 기하학

▌**표트르 대제가 영국을 방문했을 당시 그려진 초상화(1698, Gottfried Kneller)**

을 배웠다. 그는 곧 여러 분야에 걸쳐 지식을 쌓게 되었고, 경우에 따라서는 실제 그 일에 종사하는 전문가보다 더 뛰어나기도 했다. 또한 관심의 폭을 넓혀 해부학과 응용과학에까지 손을 뻗쳤다.

표트르는 몽골의 잔재가 남아 있던 러시아를 서유럽화하는 것을 최우선 과제로 생각하여 서유럽 여행에서 돌아오자마자 여성이 입는 러시아 전통의상을 서유럽식으로 짧게 자르라고 지시했고, 긴 수염을 기르는 남성에게는 수염세를 매겼다. 스웨덴을 모델로 하여,

무질서하고 비능률적인 러시아의 행정기구를 개혁하는 일도 시작했다. 상설행정기구(12행정원, 군무성, 해군성 등)를 만들고 관리들의 관등을 제정했으며, 성문법전을 만들었다. 또한 서구의 발달된 학문을 러시아에 소개하고, 번잡하던 키릴문자를 간소하게 개혁해 문자를 쉽게 익힐 수 있게 하는 한편, 학술원을 세워 학문을 장려했다. 러시아는 표트르 대제에 의해 근대적으로 탈바꿈하며 강한 러시아를 위한 도약을 할 수 있었던 것이다.

강대국을 향한
표트르 대제의 의지

강대국을 만들기 위한 위대한 리더 표트르 대제의 의지는 서구에서 배워온 근대화 정책뿐 아니라 그가 만든 상트페테르부르크라는 도시 안에서도 찾을 수 있다. 표트르 대제는 1700년부터 1721년까지 발트해의 지배권을 두고 스웨덴과 전쟁을 벌였다. 이 전쟁 과정에서 그는 지리적인 편의성과 러시아 서구화를 위한 새로운 도시 건설이 필요함을 느끼게 된다. 이렇게 해서 탄생한 도시가 바로 상트페테르부르크다. 표트르 대제는 파리와 런던에 버금가는 도시를 만들고자 했다. 러시아의 모든 대리석을 끌어모으고 석공들을 징집했다. 어마어마한 토목공사 현장을 직접 지휘하기 위해 수도 모스크바를 아예 상트페테르부르크로 옮겨버린다. 변방의 작은 도시였던 상트페테르부르크에는 그때부터 개혁의 거점으로 과학 아카데미(1724)와 예술 아카데미(1725), 에르미타주 미술관(1764), 마린스키 발레극장(1783) 등이 세워졌다.

강대국을 향한 표트르 대제의 의지는 분명했다. 그는 르네상스 이후 서유럽 300년의 변화를 반세기 만에 따라잡고자 했다. 이제 상트페테르부르크는 합스부르크 제국의 빈에 견주어도 모자람이 없는 동유럽 최고의 글로벌 도시가 되었다. 강대국을 향한 지도자의 의지가, 아무것도 없던 황무지를 새로운 문화예술의 도시로 탈바꿈시켰다. 표트르 대제의 위대함은 부강한 국가, 강대국 러시아를 만들기 위한 의지에 있다. 그는 러시아 근대화라는 목표를 실현하기 위해 귀한 신분을 숨겨가면서 기술을 배워올 정도로 열정적인 인물이었다. 또한 강대국 러시아를 만들기 위한 관문이 될 수도로 상트페테르부르크를 선택한 후에는 작은 오두막에서 지내며 도시 현장을 지휘한 소박하면서도 적극적인 지도자의 모습을 보였다.

근대화와 강대국에 대한 표트르 대제의 의지가 없었다면 결코 지금의 러시아, 이 아름다운 상트페테르부르크는 없었을 것이다. 수많은 러시아인에게 지금까지도 표트르는 위대한 대왕이며, 상트페테르부르크에 사는 시민들에게 이 도시는 곧 표트르 대제다. 하지만 나는 강한 국가를 만든 표트르 대제의 그 위대한 리더십의 '업적'과 '결과' 앞에서 불편한 '과정'을 본다. 그리고 다시 묻는다. 국가를 부강하게 하는 것과 그 국가에서 살아가는 민중의 행복은 비례할까?

표트르 대제가 만든 페트로파블롭스크 요새는 상트페테르부르

| 페트로파블롭스크 요새에 있는 표트르 대제 동상

크의 랜드마크가 되어 전 세계인을 불러오지만, 사실 이 아름다운 랜드마크에는 들춰보고 싶지 않은 그의 잔인함과 수많은 사람의 희생이 있다. 바닷가 황량한 불모지에 건설된 이 아름다운 도시는 표트르 대제가 꿈꾸었던 욕망의 반영이다. 그는 옛 수도 모스크바를

벗어나 서구 유럽 어느 나라에도 뒤지지 않는 화려한 수도를 건설하기 원했다. 문제는 그 욕망 때문에 수많은 인명과 물자를 잃은 것이었다. 토목공사에 지친 민중들이 반란을 일으키자 표트르는 비밀경찰을 통해 많은 반대자들을 처형했다. 더욱 비극적인 것은 이 반란에 가담한 자들 중에는 표트르 대제의 외아들 알렉세이 황태자도 있었다는 것이다. 알렉세이 황태자는 이 반란으로 황태자직을 박탈당했으며, 1718년 고문 후유증으로 옥중에서 죽는다.

표트르가 만들고 싶었던 국가는 분명 부강한 러시아였다. 자국을 강한 국가로 만들기 위한 리더의 의지는 분명 위대한 지도자의 조건일 것이다. 부국강병을 위해 이름 없이 희생된 수많은 민중이 중요하지 않다면, 그 지도자는 여전히 위대한 지도자로 남을 수 있을까? 그렇게 강대한 국가를 만들기 위해 아들조차도 반대하는 근대화의 길을 그토록 무리하게 추진해야만 했을까? 이 아름다운 황금빛 첨탑 아래 잠들어 있는 표트르 대제는 나의 질문에 뭐라고 대답할까?

04

러시아에서 만난
아시아의 평화와
미래

변방의 '창'에서
유라시아 통합의 '문'으로

상트페테르부르크는 세계인의 사랑을 받는 예술의 도시임이 틀림없다. 그러나 나는 이 서럽도록 아름답고 외로운 도시에서 러시아의 변화를 본다. 상트페테르부르크는 또한 변화의 도시이기 때문이다. 로마노프 왕조라는 새로운 시작도, 근대라는 새로운 패러다임으로의 전환도 이 도시는 온몸으로 부딪혀 맞이했다. 변화란 언제나 지금보다 나아지기를 원하는 누군가의 욕망에서 시작된다. 러시아를 전과는 다른 나라로 만들고 싶었던 표트르 대제가 만든 이 도시는 그래서 어쩌면 태생부터 '변화'의 욕망이 장착된 역동적인 땅일지도 모른다.

현재의 러시아는 친서방정책으로 나갈 수도 있고 신유라시아 정책을 펼칠 수도 있다. 하지만 푸틴의 선택은 신유라시아 정책으로

상트페테르부르크의 거리

2016년 열린 상트페테르부르크 국제경제포럼

기운 것으로 보인다. 그 대표적인 예가 2019년 23회째를 맞으며 점점 행사 규모가 커져가고 있는 '러시아판 다보스 포럼' 상트페테르부르크 국제경제포럼SPIEF과 2015년 1월 시베리아 동쪽 블라디보스토크에서 출범한 유라시아 경제연합EAEU이다. 상트페테르부르크 국제경제포럼은 러시아, 이란, 터키, 인도, 중국과 같은 신흥 경제 강국들의 네트워크다. 상트페테르부르크는 유럽의 '변방의 창'이 아니라, '유라시아의 관문'으로 그 역할을 하기 위해 주변국을 끌어들이고 있다.

상트페테르부르크 국제경제포럼은 현재 7500명이 넘는 신흥 경제강국의 정부·기업·학계·시민사회 주요 인사들이 참여할 만큼 세계적인 네트워크로 성장했다. 그런데 참여하는 국가들의 면면이 흥미롭다. 모두 각자의 문명에 기반한 세계사 전환의 주역들이었기 때문이다. 정교 대국 러시아, 이슬람 공화국 이란, 오스만주의Ottomanism 터키, 힌두 국가 인도, 중화문명 중국 등이 그 주인공들이다. 이들은 이제 서구 중심의 지배체제와는 다른 시대적 전환을 준비하고 있다. 러시아는 이렇게 변방의 창에서 유라시아 통합을 위한 문을 향해 활기차게 나아가고 있는데, 나는 왜 러시아도, 러시아가 말하는 이 '유라시아'라는 개념도 아주 먼 타자의 이야기처럼 낯선 것일까.

가까운 러시아
낯선 러시아

냉전이라는 시대적 배경 속에서 한국전쟁이라는 아픔을 겪은 한국에게 사회주의는 곧 적이었다. 북한을 도운 중국과 러시아도 당연히 적일 수밖에 없었다. 적이라는 개념은 공감과 관용보다는 증오와 혐오의 대상이다. 부정적 이미지만이 강조되어야 하는 태생적 한계를 가진다. 부정과 긍정의 교차가 아니라 '부정적 인식'이라는 하나의 생각이 다다르는 종착역은 편견이다. 그나마 중국에 대한 인식은 대중 교역량이라는 무시할 수 없는 경제적 이익으로 인해 다르게 볼 수 있는 여지가 있었지만, 러시아는 그렇지 않았다. 또한 소련 해체 이후 새롭게 탄생한 러시아의 존재가 한국에게 그다지 매력적으로 다가오지 않기 때문일 것이다.

소련 해체 이후 세계사는 자유민주주의 국가의 승리를 논했고 러시아는 이제 세계패권경쟁에서 완전히 패자가 된 듯 보였다. 일제강점기 지식인들에게 소련은 우리가 지향해야 할 국가적 '대안'으로 느껴질 만큼 매력적이었다. 하지만 오늘날의 러시아는 '개발이 부족한 독재국가' 이상의 의미를 갖지 못하는 듯하다. 전 세계가 가까워지는 오늘날, 심지어 국경을 맞대고 있을 만큼 가까운 러시아가 이렇게도 멀고 낯설게 느껴진다니 아이러니가 아닐 수 없다.

유라시아 안에
한반도를 담다

우리의 인식 틀 안에 '러시아'를 담을 수 있는 개념은 '유라시아'라는 단어 안에 있다. 그런데 왜 유라시아라는 개념은 동아시아라는 지정학적 용어보다 생소하다고 느껴지는 걸까. 역사학자 이병한은, 동아시아는 20세기형 지정학적 용어인 반면, 유라시아는 문명적 지역질서를 포괄하는 용어이기 때문이라고 설명한다(이병한, 《유라시아 견문1》). 제2차 세계대전 이후 미국 중심의 패권질서에서 개별 국가들은 문명 중심의 지역질서가 해체된 형태로, 서구의 지리적 위치에 따라 분류되었다. 그런데 이 지정학적 개념은 유럽과 함께 '유라시아'라는 하나의 몸체를 이루던 아시아를, 필연적으로 동아시아·동남아시아·중앙아시아 등으로 분화시킬 수밖에 없다. 유럽 대륙에서 본다면 동아시아는 극동 지역이다. 서구를 중심으로 만들어진 거대한 판 안에서 동아시아는 그 역할과 범위가 축소된다. 동아시아를 외톨이로 가두는 개념 안에서 러시아는 그 어디에도 설 자리가 없는 것이다.

그러나 인식의 틀을 바꾸면 전혀 다른 세계가 펼쳐진다. 이병한의 지론에 따르면 유라시아로의 인식 전환은 "새천년 초원길과 바닷길의 복원이자, 100년간 끊어지고 막혔던 동서의 혈로를 뚫어내는 작업"이다. "지금 국제정치경제의 현실을 미중 간의 패권경쟁으로만 오독하는 것도 편협한 인식"이라는 것이다. 미국을 중심으로 한 패권질서 이론 안에서는 유라시아와 같은 문명질서 간의 경쟁과

균형, 협력과 발전은 들어설 틈이 없다. 그렇다면 유라시아적 시각
은 왜 필요한가?

유라시아적 시각은
왜 필요한가?

2015년 1월 출범한 유라시아 경제연합은 러시아를 주축으로 카자
흐스탄, 벨라루스, 키르기스스탄, 아르메니아 등 구소련권 5개국이
서유럽 국가 중심의 EU에 대응하기 위해 결성한 연합체다. 2015년,

┃상트페테르부르크 궁전 광장

제2차 세계대전 전승을 기념하는 러시아의 70주년 행사에서 시진핑은 유라시아 경제연합에 중국이 추진하는 일대일로를 단일 사업으로 통합하겠다는 발언을 했다. 이제 러시아와 중국은 '유라시아 연결'라는 공동의 목표 안에서 더욱 강력한 협력을 약속하며 유라시아 르네상스를 선도하고 있는 것이다. 한때 세계를 경영했던 이란과 거대한 인구와 문명을 가진 인도까지 유라시아 경제연합에 함께하게 된다면 진정한 의미의 21세기 신유라시아 르네상스가 펼쳐질 것이다. 그런데 이 거대한 스케일의 유라시아 르네상스 기획판에 한국은 어디에 있는가?

냉전적 시각이 지배적일 수밖에 없는 분단 역사의 한계 때문일

까? 우리는 탈냉전과 신냉전의 갈등구조로 세계를 가두고, 미-일과 중-러의 구도에만 묶여 있는 '동아시아'를 본다. '유라시아'라는 거대한 틀 안에서 유라시아 재통합을 추구하는 문명적 질서, 제3의 세력을 상상하지 못한다. 기존의 틀에서만 인식이 머무르고 새로운 전략이나 변화에는 점점 둔감해지고 있다. 어쩌면 그 둔감함이 러시아를 익숙하지 않은 낯선 타자로 느끼게 하는 주요원인일지도 모른다. 남북한 분단이라는 안보위기 상황에서 우리에게는 두 가지 이념 중 어느 편인지를 따지는 것만이 중요했다. 단 하나의 선택만을 강요받는 틀 안에서 제3의 시각은 대안으로 거론될 여지조차 없었다. 길을 만들고 망을 연결하는 문명사적 질서의 변환은 냉전이 만든 두 개의 틀을 다른 각도로 바라보게 하는 새로운 렌즈다. 단 하나만이 답이 되는 세상을 다르게 보는 새로운 눈이다. '동아시아'라는 시각에서 '유라시아'라는 시각으로의 전환은 변방의 위치로부터 탈출하여 세계사의 판을 다시 자각하기 위한 개념이다. 미국 중심의 패권질서라는 단일 선택지에서 더 넓은 선택지를 확보하고 준비하기 위한 대안이다.

그런데 이 엄청나고 거대한 문명의 변화를 선도하는 상트페테르부르크는 이상할 만큼 너무도 고요하고 차분하다. 제2의 르네상스를 준비하는, 그 변화와 개혁을 선도하는 역동적인 도시라고 하기에는 미동도 없이 지나치게 편안한 느낌이다. 러시아 상트페테르부르크 사람들은 웃음기 없이 차분하다. 밤과 낮의 구별이 모호할 만큼 희뿌연 하늘을 너무도 익숙한 듯 걷고 있는 이 사람들에게 '변화'

란 늘 그렇듯 그저 평범한 '일상의 바람'인 걸까. 도도하게 차가운, 그렇게 아주 익숙해진 상트페테르부르크의 바람을 향해 간절히 염원한다.

상트페테르부르크의 변혁의 바람이 멀리 한반도까지 퍼져 이 거대한 유라시아를 안을 수 있기를, 유라시아의 르네상스 시대를 이해할 수 있기를, 그리하여 한반도도 냉전의 틀을 벗어나 더 큰 세상을 맞이할 수 있기를. 무심한 듯, 아무렇지 않게, 낯선 이방인에게 인식의 '변화'라는 작은 보따리 하나를 툭 던져놓는 상트페테르부르크의 오후가 그렇게 지나가고 있다.

창문을 열면, 나는 아직도 그해 겨울 만주 벌판의 바람소리가 들린다. 서간도와 북간도, 그리고 유라시아의 동쪽 끝단, 하바롭스크의 시린 설야雪野 아무르 강변을 걷고 또 걸었다. 2014~2015년 겨울이었다. 러시아는 반역의 땅이었다. '차르'에 저항한 자들의 유형지 이르쿠츠크, 그리고 바이칼 주변의 자작나무숲은 어느 시인의 표현처럼 '하얀 그리움'이었다. 그 겨울, 나는 해방된 조국을 꿈꾸었던 내 마음속의 독립운동가들-이회영, 김산, 윤동주, 안중근, 그리고 최초의 여성 공산주의자 김 알렉산드라 스탄케비치-을 만났다. 동해항에서 러시아 블라디보스토크항으로, 인천항에서 중국 대련항으로, 그리고 부산항에서 일본 시모노세키항으로 독립운동가를 만나기 위해 떠났던 총 80일간의 여정! 이때의 여행 이야기를 모아 출간한 책이《평화무임승차자의 80일(서해문집, 2016)》이다. 그것은 지금 우리가 누리는 '불안정한 평화'의 의미를 생각해보는 '과거로의 여행'이었다.

그리고 2017~2018년 겨울, 나는 또다시 길을 물어 유럽으로 향했다. 그 여행을 통해 자민족 중심주의 시각을 벗어나려 했다. 열린 민족주의를 향해 가는 미래로의 여행을 꿈꾸며 떠난 길이다. 첫 번째 여행은 나 자신을 '평화무임승차자'라 규정하는 성찰의 시간이었다. 두 번째 여행은 아시아의 평화시민으로 살아가기 위한 약속의 시간이다. 그것은 '평화무임승차자'라는 소극적 자기 고백을 넘어 한반도에 다가올 새로운 유라시아 시대를 맞이하는 새로운 희망의 열림이다.

여행은 생각의 지평을 넓히려는 고도의 의지 작업이다. 경계와 장벽을 넘어 오해와 편견을 극복하는 공부의 장이다. 인류가 그토록 염원하는 평화란 바로 이 오해와 편견을 넘어 무명의 세계에서 벗어나, 세상의 다양성을 인정하고 받아들일 때 가능해진다. 내가 계속해서 '그랜드피스투어'를 강조하는 이유이기도 하다. 나는 스스로 간혀 있는 동굴에서 나와 새로운 문명과 문화를 이해하고 받아들이려는 마음을 '그랜드피스투어'의 시작으로 본다. 그리고 그 '마음'을 낸 사람들을 지원해주는 일이 필요하다는 생각을 오래전부터 하고 있었다.

내 뜻에 공감해준 10명의 친구들과 함께 '그랜드피스투어 지원 프로젝트'를 시작한 것이 2018년이었다. 아무것도 없는 나를 믿고 '그랜드피스투어'라는 가치에 공감하여, 매달 적지 않은 금액을 기부해주는 10명의 이사진, 나는 이들을 'Young Professionals'라 정의한다. 'Young Professionals'란 '변화'의 흐름을 유연하게 받아들이며, 일상에서 늘 깨어 있고자 노력하는 사람, 그리고 지금 할 수 있는 선에서 기부하는 삶을 실천하는 이를 뜻한다. 그런 '마음'을 가진 이들은 국적과 나이, 직업과 상관없이 'Young Professionals'이다.

우리는 열린 마음과 관용성을 가진 사람들이 많아지는 세상이 곧 희망이라는 믿음으로 '그랜드피스투어' 지원을 시작했다. 매년 국적에 상관없이 4팀의 그랜드피스투어 지원사업을 하고 있다. 이 과정에서 나는 나의 제자들로부터 큰 도움을 받았다. 각자 자기 일로 바쁠 텐데도 '그랜드피스투어'가 갖는 '의미'에 공감하여 선뜻 재능을 기부해준 고마운 이들이다. 이들이 없었다면 블로그 개설 및 지원자들의 서류심사조차 불가능했을 것이다.(https://blog.naver.com/yp2019)

이 책은 '그랜드피스투어'를 기획하는 이들에게 조금이나마 도움이 될 수 있는 '텍스트북'이 되었으면 하는 마음으로 시작되었다. 나는 수많은 젊은이들이 서유럽 중심의 시각에서 벗어나 유라시아적 시각과 한반도 상황에 대한 의미 있는 메시지를 얻을 수 있기를 바랐다. 독일, 폴란드, 러시아를 그랜드피스투어의 첫 번째 여행지로 삼은 것은 그런 이유에서다. 앞으로도 그랜드피스투어 시리즈는 계속될 것이다. '유럽 주연, 중국 조연'의 세계사적 시각에서 벗어나 문명교류사적 시각에서 바라보는 중앙아시아와 실크로드 여행, 호전적이고 위험한 나라라는 편견 속의 이란, 미국과 패권전쟁 중인 중국, 종교에서 평화의 메시지를 찾을 수 있는 이슬람 국가들과 불교 국가들 모두 '그랜드피스투어'의 주요 목적지다.

여러 모로 부족한 책이지만 이 책을 통해 '그랜드피스투어'의 문을 열어볼 용기가 생겼다면, '고립된 섬' 한반도의 시각에서 벗어나 웅대한 유라시아 대륙을 안아볼 마음이 생겼다면, 미국과 중국이라는 양자택일의 관점이 아니라 제3의 대안을 창조해낼 수 있는 뜻을 품었다면, 서구 중심적인 사고관에서 벗어나 전 지구적인 시각에서 세계사를 이해하려는 마음이 생겼다면, 다른 문명권의 새로운 문화 속에서 우리의 미래를 그려볼 통찰력을 갖고 싶어졌다면, 그리하여 새로운 대한민국, 새로운 시대를 열어갈 마음의 준비가 되었다면, 이 책은 그 역할을 충분히 다한 것이다.

제1차 세계대전 이후 패전국 독일의 젊은이들은 삶의 방향을 잃고 있었다. 고뇌하는 청년 헤르만 헤세가 쓴 소설 《데미안》을 통해 유럽 청년들은 큰 위안을 받았다. 헤르만 헤세는 '새는 알을 깨고 나온다'는 성찰을 통해, 유럽 정신이 알 속에서 깨어나야 함을 설파한 것이다. 우리나라 청년들 또한 삶의 무게에 힘겨워하고 있다. 이 책을 통해 한국의 젊은이들이 자신이 사는 곳의 경계를 넘을 수 있기를! 배움과 성찰을 통해 세상을 있는 그대로 볼 수 있기를, 갇혀 있던 경계를 넘는 여행을 상상해볼 수 있기를, 갇혀 있는 '섬'이 아니라, 대륙을 관통하는 '관문'으로서의 대한민국에서 날개를 펼칠 수 있기를, 그리하여 지금 이 순간, '그랜드피스투어'를 시작할 용기를 낼 수 있기를 간절히 바라본다.

_2019년 7월
이스탄불에서 한국으로 돌아오는 비행기 안에서

여행 전후 읽은 책

게르하르트 슈뢰더, 김소현·엄현아·박소현 옮김, 김소현 감수, 《게르하르트 슈뢰더 자서전: 문명국가로의 귀환》, 메디치, 2017.

구갑우, 《비판적 평화연구와 한반도》, 후마니타스, 2007.

구학서, 《사랑방에서 듣는 서양 문화》, 청아출판사, 2014.

기연수, 《러시아의 정체성: 푸틴과 표트르 대제 그리고 러시아인의 의식구조》, 살림, 2008.

기쿠치 요시오, 이경덕 옮김, 《결코 사라지지 않는 로마, 신성로마제국》, 다른세상, 2010.

김경묵, 《이야기 러시아사》, 청아출판사, 2006.

김용구, 《세계외교사》, 서울대학교출판문화원, 2006.

김용덕, 《이야기 폴란드사》, HUIBOOKS, 2016.

김학준, 《러시아 혁명사》, 문학과지성사, 1991.

김혜진 외, 《민족의 모자이크, 유라시아》, 한울아카데미, 2016.

닐 맥그리거, 김희주 옮김, 《독일사 산책》, 옥당, 2016.

데이비드 E. 먼젤로, 김성규 옮김, 《동양과 서양의 위대한 만남: 1500~1800》, 휴머니스트, 2009.

매슈 크보트럼, 임지연 옮김, 《앙겔라 메르켈 유럽에서 가장 영향력 있는 리더》, 한국경제신문, 2017.

박한제 외, 《유라시아 천년을 가다》, 사계절, 2002.

박호성, 《사회민주주의의 역사와 전망》, 책세상, 2005.

법륜·오연호, 《새로운 100년》, 오마이북, 2012.

브라이언 포터-슈치, 안상준 옮김, 《폴란드 근현대사》, 오래된생각, 2017.

사이토 다카시, 홍성민 옮김, 《세계사를 움직이는 다섯 가지 힘》, 뜨인돌, 2009.

석영중, 《러시아정교 – 역사·신학·예술》, 고려대학교출판부, 2005.

송동훈, 《송동훈의 그랜드 투어: 동유럽편》, 김영사, 2016.

슈테판 코르넬리우스, 배명자 옮김, 《위기의 시대 메르켈의 시대》, 책담, 2014.

염돈재, 《독일 통일의 과정과 교훈》, 평화문제연구소, 2010.

이리에 아키라, 조진구·이종국 옮김, 《20세기의 전쟁과 평화》, 연암서가, 2016.

이병한, 《유라시아 견문1》, 서해문집, 2016.

이주헌, 《눈과 피의 나라: 러시아 미술》, 학고재, 2006.

임마누엘 칸트, 백종현 옮김, 《영원한 평화》, 아카넷, 2013.

전국역사교사모임, 《살아 있는 세계사 교과서》(1~2), 휴머니스트, 2005.

최장집, 《마르크스》, 고려대학교출판부, 1990.

카를 마르크스·프리드리히 엥겔스, 이진우 옮김, 《공산당선언》, 책세상, 2002.

칼 포퍼, 이한구 옮김, 《열린사회와 그 적들》, 민음사, 1982.

크레인 브린튼, 차기벽 옮김, 《혁명의 해부》, 학민사, 1983.

헬무트 슈미트, 오승우 옮김, 《독일통일의 노정에서》, 시와진실, 2007.